だいわ文庫

50代にしておきたい
17のこと

本田 健

JN283574

大和書房

はじめに

50代という「希望」

人生80年の時代——50代という年代に差しかかったいま、あなたは自分の人生に対して、どのように感じているでしょうか?

20代の、社会に出た頃のことを思えば、世の中は大きく変わりました。デジタル化が進んで、当時では考えられなかった夢のようなことが、簡単に果たせるようになりました。一方で、長く続く不況や、それに伴《ともな》うストレスで、昔よりも厳しい時代にもなっています。

そういう時代に、人生の後半を生きるあなたは、これからの日々をどんなふうに過ごすのでしょう。それによって、50代はもちろん、老後がハッピーなものになるか、惨《みじ》めなものになるかが決まるでしょう。

ほんの20～30年前までは、サラリーマンの定年といえば55歳でした。あなたの父親、祖父の頃には、50代で現役を退《しりぞ》き、「老後」を迎えるというのが普通だったのです。

それがいまではどうでしょう？　50代が「老後」の生活なんて考えられません。また、そんな余裕もないという人も多いかもしれません。

人生80年と考えれば、50代は、「老後」というには早すぎます。

この本は、『20代にしておきたい17のこと』（大和書房刊）から始まり、30代、10代、そして40代に向けて、「後悔しない生き方」を選択するための一つの指針《ししん》になればと思って書きはじめたシリーズの5冊目になります。

たくさんの方たちに読んでいただいて、シリーズの累計《るいけい》部数は80万部を超えました。発売からまだ2年もたっていないことを思えば、著者である私自身、信じられない気持ちです。これも読者のみなさんのおかげと、この場を借りてお礼申し上げます。ありがとうございました。

『40代にしておきたい17のこと』(大和書房刊)では、可能性はまだ残されているということをお伝えしました。20代の人たちからは、もう終わっているように見えるとしても、60代の人たちから見たら、40代はまだまだ若いのだと書きました。

では、50代はどうでしょうか。

じつは私は、これから50代を迎える世代です。だから、この本を書くにあたって、すでに50代を体験した60代以上の人たちにお話を聞く機会をいただきました。そうして得た結論は、50代からでも、まだまだ夢を実現できるチャンスはあるということです。

若い頃に比べたら、エネルギーはたしかに落ちているかもしれません。でも、力がないわけじゃない。特にいまの50代は、30年前の50代とは違います。

あなたの未来は、あなたが選択することができます。その可能性を、この本で感じていただけたらと思います。

●50代にしておきたい17のこと●目次

1

残りの人生でやりたいことを決める

1

50代は、どう攻めていくかで決まる

あなたは、残りの人生で何をやりたいですか？

そういわれても、ピンとこない人のほうが多いかもしれません。

「残りの人生なんて考えたこともない」という人がほとんどでしょう。それほどに、いまの50代は現役としてバリバリ仕事や家事に忙しくしています。

特に自分の親が生きている人は、自分が50代で、自分も老いつつあることを自覚していない人がほとんどではないでしょうか。

けれども、そんなあなたでも、うすうす感じているとおり、からだは日ごとに老境《ろうきょう》へと向かっています。

自分はまだ老《ふ》け込んでいないと思っても、まわりを見渡してみれば、仕事でつき合う人たちの多くが、いつのまにか年下になっているかもしれません。

「若い人に負けていない」とがんばっても、その若い人たちから見れば、あなたはもう、「仲間」ではなくなっているはずです。

あなたには、20代、30代のときのような爆発的なエネルギーは残っていないかもしれません。だからといって、「老人」として引きこもってしまう年代でもないでしょう。

50代から新しいことを始めて、60代、70代、80代で成功する人もいます。

そう考えると、これから、本格的に、何かに取り組むこともできます。

まだまだからだも動くし、時間も残されている――そうであれば、たとえ資金がゼロだとしても、ここから巨万《きょまん》の富《とみ》を築くことも、決して夢ではありません。実際に、それを成し得た人たちは世界中にいます。

もちろん、誰もがそれが可能だということではありません。人生がそう甘くはないことを、50年以上生きてきたあなたならわかるでしょう。

これまでの人生経験を生かして、その延長線上で何かやるもよし、まったく新しいことに挑戦するのもありでしょう。これからのあなたの経験は、何ものにも代えがたい、あなたの人生の思い出になっていきます。

社会人になって30年という年月で得た体験や人脈は、あなたの「やりたいこと」を応援してくれます。

もしも90歳まで生きるとしたら、いまが社会人になってからの、ちょうど折り返し地点です。

人生の後半戦に何をやるのか。ふだんは忙しくて、あまり考える時間がないかもしれません。

どんなスポーツの試合も、後半戦からが面白いし、本当の勝負のときです。前半戦で勝ったからといって、後半戦もうまくいくとは限りません。逆に、いままで負けていたからといって、最後まで負けつづけるということもないのです。

あなたは、人生後半戦のゲームをどんなふうに楽しみ、攻めていきますか。

1

10年かけてやりたいことは?

どんなこともたいていは、10年かけたらプロになれる——それは、たとえば経営の世界もそうだし、法律の世界、会計の世界、料理の世界でも同じではないでしょうか。

10年では、一流にはなれないかもしれません。でも、何かに10年打ち込めば、プロとして、「ある程度できるレベル」には、誰でも到達できます。

これまで、まったくやったことがなくても、あなたが本当にやりたいことであれば、やってやれないことはありません。

たとえば英会話をマスターするということでも、これからの10年をかけてやり遂《と》げようと思えば、ちょっとした会話なら困らなくなるでしょう。英語が話せるようになると、将来は、海外に住むということも、夢ではなくなります。

いままでできなかったから、これから先もできないと考えるのは、やらないことの言い訳にすぎません。どんなことでも、自分のものにするまでには時間がかかります。だから、簡単ではないでしょう。

でも、自分の後半の人生のためにという目標があれば、どうでしょうか？

これから10年をかけて、自分がやってみたいと思うことに意識を向けていきましょう。

目標は、できれば、「海外旅行に行く」というような単発的なことではなく、じっくり腰を据《す》えて取り組むようなことがいいでしょう。

一つのことに10年かけるとすれば、これからの人生で、あと一つか二つくらい、何かをものにできるでしょう。

「そんなことは、どうせ自分には無理だ」

とあなたは感じているかもしれません。社会人になってからというもの、職場で、家庭で、できることは限られていたかもしれません。そして気がつかないうちに、あなたはいつのまにか、制限的に生きることに慣《な》れてしまっています。

いま、これまでの制限をはずして自由に考えてみてください。まわりの人たちを見てみてください。自分が憧《あこが》れる人たちを思い浮かべてみてください。

彼らにできていることを、自分でもやってみたいと思いませんか。いまさら恥ずかしいけど、でも、やってみたいなぁという気持ちがどこかにあるなら、それをやって死ぬ人生と、やらずに死ぬ人生との両方を想像してみてください。やらずに死にたくないと感じたら、それはやるべきです。

これからの人生は、自分がつくった牢獄《ろうごく》に閉じこもって過ごすのか、あるいは、そこから出て、まったく新しい世界に行くのか——50代は、それを決められる最後の10年です。その意味では、あと数年しか時間は残されていないことを心に留《と》めておきましょう。

1

好きか、嫌いかで決める

自分が何をしたいのかわからないという人は、少なくありません。

ずっと他人に合わせて生きてきたために、やりたいことを思いついたとしても、その瞬間に「どうせ無理だろうな」とあきらめてしまうのです。

ここで、あなたの人生を変える魔法を一つ、お伝えしましょう。

何かが自分の前に来たら、それが「できるか、できないか」を考えるのではなく、「好きか、嫌いか」で判断してみるのです。

幸せな人は、何が自分は好きなのか、嫌いなのかをよくわかっています。

そして、好きなものを人生で増やし、嫌いなものを減らすという、非常にシンプルなことをしています。それだけで、仕事がうまくまわりだし、人間関係も良好になるのです。

50代になれば、社会的責任も増えてきます。やるべきこと、やらなくてはいけないことが次々にやってきます。社会的な立場というものも出てきて、あまりいい加減なこともできなくなります。

それでも、自分がやることや自分がつき合う相手を、好きか嫌いかで決めてみるのです。

「好きだからやる」というのは20代のノリで、50代にもなれば、たとえ嫌いなことでも我慢《がまん》して、家族のため、社会のためにやらなければならないと考えるかもしれません。

けれども、それでは幸せになれません。あなたが無理してしまうからです。

自分の好きなことを優先してみると、人生は大きく変わっていきます。ドキドキしながらも、好き嫌いで、いろんなことを決めてみましょう。

1 先立つ後悔のリストをつくる

ひと昔前の50代に比べたら、いまの50代は、男性でも女性でも、驚くくらい若々しくなりました。孫が生まれる人もいる一方で、結婚して新しい人生をスタートするという人もめずらしくありません。

しかし、20代、30代に比べれば、確実に残された時間は減っています。あなたのまわりでも、同世代で突然、病気で倒れたり、亡くなったりという人がいるのではないでしょうか。

あなたにも、そんな事態がいつ襲ってこないとも限りません。その意味で、元気なうちに、自分の本当にやりたいことをやっておかないと、後悔することになります。

いまの人生を振り返って、後悔していることはありませんか？

いましないと、後悔することのリストをつくってみましょう。

もし、自分が明日死ぬとしたら、「ああ、あれをしておけばよかった」と後悔するようなことを挙げてみるのです。

たとえば主婦のあなたは、これからの10年を想像してみてください。

あなたは毎日をワクワクして幸せに過ごせるでしょうか。あるいは、家族の犠牲《ぎせい》になって、したいこともせずに、忙しい毎日を過ごすのでしょうか。

もし、後悔しないとしたら、あなたはすばらしい人生を生きていることになります。これを見るだけで、あなたの人生の幸せ度がわかります。

10年後、15年後……、自分がもうすぐ死ぬときに、やらないで後悔する「先立つ後悔」をリストにして、それを一つひとつクリアしていきましょう。

私の知り合いで、結婚して10年もたってから、新婚旅行に行った夫婦がいました。結婚したときにはお金がなくて旅行に行けなかったそうです。

でも、死ぬ前に「新婚旅行に行きたかった」と後悔しないために、遅ればせながら、それを実行したというわけです。

「先立つ後悔リスト」には、たとえば、「大学にいく」ということを挙げる人もいるかもしれません。「初恋の人に告白する」とか、「パートナーに『愛している』と言われる」というのもあります。

「旦那にお姫様だっこをしてもらう」「金髪にする」という女性もいました。人によっては、「本を出す」「個展を開く」「コンサートを開く」というのもあるでしょう。

クリアするのが簡単なものもあれば、難しいものもあるかもしれません。現時点では、一切気にしないでください。

「先立つ後悔リスト」をつくると、自分のやりたいことが明確になります。

自分を幸せにすることは、とても大切です。ぜひ、自分が本当にやりたいことを見つけて、それをかなえてください。50代のいまこそ、それをスタートさせるときです。

2
不義理をする

2

嫌ならノーと言う

50代の日常は、多くの人にとって「忙しすぎる」の一言に尽きます。

平日の仕事、家事、介護は当然のこと、休みの日には、出席しなければならない結婚式や法事があります。出なければならない会合、親戚の集まり、子どものこと、親のことで、時間が自分の意のままにならないという人は多いのではないでしょうか。

また、部下や友人、近所の人の相談にのったり、先輩や上司の愚痴《ぐち》につき合ったりするのも、断りにくいものです。

その結果、いつも忙しく、自分のことは後まわしになりがちです。

50代は無理がきかなくなる年代です。少し前までは、夜中まで飲んだり、仕事をしたりしても平気だったのに、最近では、そんなことをしたら翌日がもたない……心当たりはありませんか？

自分の時間や健康、心の平安を保つには、自分のからだを守っていかなければなりません。そのためには、「ノー」と言わなければいけないことがたくさんあります。

「ノーと言わない生き方」がすばらしいという考え方もありますが、私は上手に「ノー」を言うことは、その人の幸せをつくると思っています。

どんなことにも「イエス」と言うのではなく、場合によっては、あえて「ノー」を言う。それによって、あなたの時間や心の平安が守られます。

20代なら、嫌なことにも「イエス」と言ってみることは、チャレンジにつながったかもしれません。けれど、50代になったら、嫌なことには「ノー」と言っていいのです。その特権を生かしていきましょう。

「ノー」と言えるというのは、もう一方から見れば、別の何かに対しては

「イエス」と言っているということになります。

それは、やりたいことと、やりたくないことの線引きができているということにもなります。

何でも「イエス」と言うのは、やりたいことも、やりたくないことも一緒くたにして、結局はすべて義理で、仕方なくこなしているにすぎません。

もちろん、なかには聖者のような人もいて、彼らは、すべてを受け入れて生きていくという哲学をもっています。

そこまで徹底できる人はともかく、普通の人は、線引きをすることが、心の平安を手に入れることになるでしょう。

自分で、「これはやりたいけれど、これはやりたくない」と決めていく。

そして、やりたくないことには「ノー」と言う。

たとえ相手に「悪い人だ」と思われても、それをやれるかどうかが、幸せへの勇気だと思います。

2 断るときの一瞬の罪悪感で燃える

「断ることが幸せへの勇気だ」と言いましたが、「断る」という行為には、ほぼ必ずといっていいほど罪悪感がついてまわります。その罪悪感から逃《のが》れるために、人はついつい不本意ながら「イエス」と言ってしまうのです。

たとえば、「お金を貸してほしい」と頼まれたとき、断ったことで、後味の悪い思いをしたことはありませんか？

「ノー」と言うとき、私たちは相手に対して「悪いな」と思ったり、相手に「嫌な人だ」「冷たい人だ」「不親切だ」と思われるのではないかと考えてしまいます。決して自分が悪いわけではなく、「ノー」と言うほうがむしろ正しいときでさえ、こうした感覚を無意識のうちにもってしまうのです。

「嫌なら『ノー』と言う」というのは、嫌な人だと思われても自分を優先することです。そうすることで味わう罪悪感に耐えるのか、あるいは、本当は違うなと思っていることでもやってあげて、自分の幸せは二の次にするのか。それを自分で選択しましょう。

罪悪感をもったとき、たいていの人は、ほぼ同時に怒りを感じます。「自分は嫌なやつだ」と自分に感じさせた相手に対して、腹が立つのです。借金を申し込まれなければ、自分は断らなくて済んだ、そうすれば罪悪感ももたずに済んだ――そう思うと、自分に罪悪感をもたせたアイツが悪い、というふうに思うわけです。人によっては、相手の望みを聞いてあげなかった自分に腹が立つ人もいるでしょう。

会社の不祥事《ふしょうじ》で責められた社長が、開き直って強気に出たりすることがありますが、それこそ罪悪感のなせる業《わざ》で、悪いなと思う気持ちが強いほど、それをどうすることもできず、第三者から見れば、逆ギレしたような態度を取ってしまうのです。

「ノー」と言ったあなたは、罪悪感という炎に焼かれて、熱い、痛い思いをしなければなりません。

そんな痛い思いをしてでも、自分のやりたくないことはやらずに、自分の幸せを守ることが大切です。

「自分の幸せ」は、「自分らしい生き方」にも置き換えられるかもしれません。

これは50代に限りませんが、自分が嫌なものは嫌だと言うこと、それによって一瞬感じる罪悪感という炎に身を焼かれながらも、自分の幸せを追求することが大切なのです。

つまらない会合に出て、会議のあいだ中、「こんなところに来たくなかった」と思いつづけるのか、人からどう思われても、自分の好きな場所でその時間を過ごすのか。そのどちらを選ぶかで、どれだけ幸せになれるかが決まってきます。罪悪感の炎に焼かれても、幸せを選択しましょう。

2 心が軽くなることだけやる

何か行動するときに、人は心が軽くなったり、重くなったりします。それは、自分自身が、いかに自分の本心を知っているかの証《あかし》でもあります。

「嫌なことには『ノー』と言う」といっても、何が嫌なのかがわからなくなっていることがあります。社会人になってから何十年もたってしまうと、しだいに感覚が麻痺《まひ》してくるのです。

職場でも家庭でも、一つのところに20年もいれば、そこでのたいていのことはできてしまうでしょう。好き嫌いを考えなくても、やれてしまうことはたくさんあるはずです。

でも、自分がやれることでも、なんとなく気が進まないとか、やろうとすると、からだが重くなるということがあります。それは、あなたの本心をからだが知っているからなのです。

気が進まないなとか、からだが重いなと感じるのは、自分に向いていないからかもしれないと考えてみましょう。

体調が悪いから、今日はうまくいかないと考えることもあるでしょう。

でも、よく注意してみれば、同じ一日でも、やることによって心が軽くなったり、重くなったりということがあるのではないでしょうか。

心が軽くなることだけをやっていると、人はどんどん幸せになります。

逆に、心が重くなるようなことばかりやっていると、うつっぽくなって、やがて、からだも心も反応しなくなるということが起きてきます。

50代という年代は、意識しなければ、心が重くなるようなことが多いということも知っておきましょう。

2

「ごめんなさい」の達人になる

「『ごめんなさい』が上手に言える人は幸せになれる」とメンターに教わったことがあります。

それで思い出すのが、ある経営者のことです。この人は、断り方の達人でした。

あるとき講演を依頼されたそうですが、「忙しいからダメなんだ」と言っては角《かど》が立つと思い、次のように断ったといいます。

「私は人前に立つと緊張するからダメなんですよ、ごめんなさいね」

こんなふうに言われたら、頼んだほうも嫌な気持ちにならずに済みます。

「仕方がないな」と納得して、断られても、その経営者に悪い感情をもつこともありません。それどころか、彼のファンになってしまうでしょう。

前にもお話ししたように、断るときには罪悪感がついてまわります。その罪悪感が強ければ強いほど、相手に対して怒りの気持ちがわいてきます。

そうなれば、ケンカするしか道は残されていません。

そうではなく、断るときには、「ごめんなさい」と謝ってしまう。本来ならば、たとえば、頼まれた講演を断るのに、謝る必要などありません。

でも、そこで謝ることで、相手のほうも恐縮《きょうしゅく》して、「こちらこそ、すみませんでした」という気持ちになるのです。

限られた人生の時間を無駄にしないためには、断る勇気をもつこと。そして、それを上手に伝えること。「ごめんなさい」の達人になって、不義理をしても幸せな人生を始めましょう。

3

消去法で決める

3 可能性はあまりないと知る

50代の「可能性」は、20代に比べれば、間違いなく減っています。

「若い人に負けたくない」という人でも、若い頃の自分に比べれば、少しずつ、でも確実に、体力が落ちたり、情熱をもてることがなくなってきていることに気がついているでしょう。

けれども、その代わりといってはなんですが、20代の頃にはなかった人脈や経験値というのは増えているでしょう。

それでも、30代と50代の人がいて、そのどちらの将来性に投資するかといえば、30代に投資するという人が圧倒的に多いはずです。

実際、統計的にも、30代で独立する人と、50代で独立する人だったら、やはり若い人のほうが成功しやすいということがわかっています。

いくつになっても夢はかなえられると私は考えていますが、だからといって、現実も見ないで、ただ夢を追いかければいいとは思いません。

現実は知っておくべきです。

50代の可能性は、20代に比べれば、間違いなく低い。そのことを認識しておきましょう。そのうえで、自分のこれからの可能性にかけてみるのです。

たくさんの経験を積んだ、いまのあなただからこそ、できることがあります。

それによって成功する可能性もあります。

あとは、何をするのかということだけです。

現実を見据えながら、自分の可能性に挑戦してみてください。

3
「できないこと」と「できること」の線引きをする

あなたが本当にやりたいことは何ですか。

それを考えるときに、自分ができることと、できないことの線引きをしておくのは、心の平安のためにも大事です。

できないことを、できるようにしようと考えれば、そこにストレスが生まれます。真面目《まじめ》で、何事にも一生懸命になる人ほど、ストレスは大きくなります。

人間、努力してやれないことはないといっても、50代になると、「できること」と「できないこと」があることを知っておきましょう。

たとえば、いまからスポーツの分野でプロになるというのは、特殊《とくしゅ》な競技を除《のぞ》いて難しいと言わざるを得ません。あるいは、何か新しいことを覚える、資格を取るというような場合も、若い人たちに比べたら不利でしょう。けれども、別の視点から見ると、50代になった自分だからこそできることが、じつはたくさんあります。

50代の不幸は、「自分のできることをできない」と思い、「できないことをできる」と考えることです。その空回りがうまく統合されないまま60代になったら、それこそ悲劇です。

人づき合いは苦手なのに、客商売を選んだり、サポートにまわるほうが得意なのに、自分がリーダーになって始めようとしたり……第三者の視点で見れば、うまくいくはずがないと初めからわかるようなことでも、自分では、「努力すればできるはずだ」とがんばってしまうのです。

いまどきは、50代で再就職、転職する人もめずらしくありません。そんなときには、この「できること」と「できないこと」の線引きができないと、職選びで失敗してしまいます。

あらためて、「自分にできて大好きなこと」を考えてみてください。

それは、人を和《なご》ませることかもしれません。相手と交渉することかもしれません。資料を作る、相談にのる、料理をする、草花を育てる、人の話を聞く、ものを作る、計画を立てる……などなど、自分のいままでを振り返って考えてみましょう。

イメージがわかなければ、できないことを挙げていくのもいいでしょう。それによって、「できること」と「できないこと」が見えてきます。

「自分にはできることなんて何もない」と思っているような人でも、そうではないことに気づくはずです。

これまでの人生で培《つちか》われた豊かな経験があります。

人脈があります。知恵があります。

これはできるけど、これはできないということが線引きできたら、ハッピーな60代を迎えることができます。

3 得意なこと、好きなことをする

いまから何かを始めようとする人は、得意なこと、好きなこと、人に喜ばれることをやると、うまくいく可能性がぐんと高くなります。

これは、どの年代でも一緒ですが、自分がいままでやってきたことで、人にほめられたり、たとえ、ほめられることはなくても、自分がやっていて楽しいと思ったことの中から、気づかなかった才能が出てきます。

才能というと特別な人にしかないように思うかもしれませんが、そんなことはありません。ただし、そのことに気づいている人は案外少ないものです。

得意なことは、自分では簡単にできてしまうので、本人は「たいしたことない」と思いがちです。

たとえば、誰とでもすぐに、十年来の友だちのように仲よくなる人がいます。本人は無意識にやっているので、それを特別なことだとは思っていません。むしろ、そんなことは誰にでもできると考えます。

長嶋茂雄《ながしましげお》さんが現役時代に、バッティングのコツを聞かれて、「来たボールをよく見て、それから打てばいい」と言ったという逸話《いつわ》がありますが、「才能」というのは、そういうものです。

では、どうすれば、その才能を見つけられるかといえば、それは石油や金みたいなもので、地層の下深くにあったものが、何かの拍子《ひょうし》に地表に出てくることがあります。あるいは、穴を掘ったらわいてきたということもあります。

20代で自分の中に金脈を見つける人もいれば、50代、60代でそれを見つける人もいるわけですが、ただ一つの大切な手掛かりは、「金」の在処《ありか》は、自分の得意なこと、好きなことの中にあるということです。

3 消去法を楽しく実践する

50代は、「消去法」をいかに駆使《くし》できるかということが、幸せの分かれ目だと思います。

自分のやりたいことのリストを前に、そこにある項目をチェックしていきましょう。そうして、「これは必要ない」と思うものを消していくのです。「これは、もういい」と口に出して線を引いていくと、心がスッキリしてきます。それによって、後悔や不満、恨みの気持ちを捨てることができるからです。

「今回の人生では、これはいらない。次の人生で楽しむことにしよう」ぐらいの気持ちで、消していくのがポイントです。

自分に「もう必要ない」とアファメーション（宣言）することで、自分が本当にやりたいこと、できることにフォーカスすることができます。

できないこと、可能性がないことを、ここでいったん消去して、バッサリあきらめるというのも、幸せな生き方につながります。

自分のリストに、「南極に行く」というのがあったとしましょう。

これを消去法で消したときに何が起こるかといえば、もう南極に行くために準備してきたもの、たとえば関連したＤＶＤや本は必要でなくなります。それらと一緒に、南極に行くための「時間がない」「お金がない」という不満も消えていきます。

今回の人生では何をするのか。何をしないのか。それをじっくりと見極めて、人生の総決算に向かうことが、50代の課題といっても過言ではありません。

4

昔の友人に連絡をとる

4 昔の友人は、自分を知る宝

昔の友人というのは、あなたの若い頃の姿をよく知る証人です。自分がどういう人間だったのかを、あなた以上に知っている人です。

しばらく昔の友人と会っていなかったら、ぜひ、その人たちを見つけ出してください。いまどきは探偵社などに頼まなくても、フェイスブックなどで見つけやすくなっているかもしれませんね。

たとえば小中学生の頃、自分がどんなことを言っていたか覚えていますか。

自分のことだから、もちろん覚えているでしょう。でも、忘れていることも、じつはたくさんあるのではないでしょうか。

人間というのは不思議なもので、強烈《きょうれつ》な記憶として残っているものも断片《だんぺん》的なことが多いものです。そして、自分で記憶していないようなことを、昔の友人がこと細かに覚えていることが案外あるのです。

あのときに、こういうことを言っていた、こういうことをやっていた、こういう表情だった、こんなことを考えていたということを、昔の友人たちはあなたに教えてくれるでしょう。

それは、あたかも忘れていた記憶のタイムカプセルを開けるようなものです。昔の友人は、そのタイムカプセルを大切に保存してくれていたキーパーのような存在だといってもいいでしょう。

昔の友人に会いにいくというのは、子どもの頃の自分、あるいは高校生、大学生だった頃の自分に会いにいくことでもあります。

その再会には、これからの人生のための思いがけない収穫がきっとあるはずです。

4

同窓会には積極的に顔を出す

いままでに楽しかった思い出は何かと聞かれると、若い頃のことを思い出す人は多いでしょう。

人生の転機やチャンスは30代や40代にもありますが、心から、ただただ楽しかった思い出となると、10代の頃の部活を挙げる人は少なくありません。私もその一人です。

中高時代は剣道部に所属していましたが、試合に出たときのことや合宿のこと、先輩にきつくしぼられたこと、仲間たちとただワイワイ騒《さわ》いだことなどをなつかしく思い出します。

当時の仲間に会うと、みんなでタイムスリップしたようになります。そういえば、あの頃のあだ名で呼ばれるのも、その仲間たちに会ったときぐらいです。何十年ぶりの記憶も、自然に蘇《よみがえ》ってくるような気がします。

最近、あなたは、同窓会に出ましたか？　もしも機会があれば、ぜひ行ってみることをおすすめします。

30代、40代の頃の同窓会は、どれだけ出世したとか、どれだけ活躍しているだとか、そういったことが話題になりやすいものです。そのために、引け目や嫉妬《しっと》を感じたり、競争心を煽《あお》られたり、場合によっては、出席して落ち込んで帰ってきたということもあったかもしれません。

けれども50代になると、よくも悪くも「もう勝負はあった」のです。そして、仕事はうまくいっているけど、家庭がダメというように、人生は単純に比較できないことも、あなたならわかっているはずです。

人生は、人それぞれです。いま現在、抱えていることは、とりあえず忘れて、過去のことをただ楽しむ。それができるのが50代の同窓会です。

4 自分の可能性と限界を知る

同じ50代でも、その立場や年収、家庭環境はさまざまです。

昔の友人たちの消息《しょうそく》を聞いて、それを思い知らされることがあります。

10代のときには、地味でおとなしかったタイプが、いまでは誰もが知っている会社の社長になっていたり、逆に、クラスのリーダー的存在だったタイプが、仕事ではうまくいっていないと聞いたり……といったことを、あなたも経験しているのではないでしょうか。

10代の頃は、いまから思えば、クラスの一人ひとり、その全員に、明るい未来への扉が開いていたといっていいでしょう。

実際に、その扉がどんどん開いていった人もいれば、どんどん閉じられた人もいるのが、人生です。

その現実を見せられるのが、同窓会だともいえるかもしれません。

「彼は社長になったのか」

「彼は田舎暮らしをする生き方を選んだのか」

「彼はリストラにあったのか」

「彼女は4人の子どもを産んだのか」

「彼女は部下が20人もいるのか」

友人たちのそれぞれの人生が、自分の人生になり得たのです。

50代の自分にはどんな可能性があるのか、あるいは限界はどこかということを考えながら、同じ歳の人で見てみましょう。そのうえで、これからの自分には、どんな生き方があるのかを考えてみるのです。

自分の中のあらゆる可能性を知っておくことで、今日に感謝することができるし、まだまだがんばろうと思えるのではないでしょうか。

4

友情が人生に厚みを加える

人生には、いろいろな豊かさがあります。

豊かさというと、経済的に恵まれていることをイメージする人が多いと思いますが、それだけではありません。

自分のやりたいことを自由にやれるという豊かさ。

心から愛する人と、ともに生活するという豊かさ。

家族をもつという豊かさ。

趣味に生きるという豊かさ。

アートを楽しむという豊かさ。

自分の好きな空間に住むという豊かさ。

豊かさにもいろいろあります。

その中でもいちばんの豊かさというのは、大切な友だちがいる豊かさではないかと私は思います。

50代は、自分の家族のことや仕事のこと、いろいろな役割が忙しすぎて、なかなか友情をあたためる時間が取れないかもしれません。これは50代に限らず、20代以降の人たちみんなに当てはまることだと思います。

新しい友人をいまからつくるなんて無理だと思う人もいるかもしれませんが、友情は心がけ次第です。

近い将来である60代からは、それまでつき合ってきた仕事関係の知り合いは、あっという間にいなくなります。

それまでは友人のようにつき合っていたとしても、仕事を離れることで、一緒に離れていく人たちというのは少なくありません。それは仕方がないことです。

そのときに、あなたに残されるのは家族と、本当の友人です。

もしも家族がいなくて、友人も大事にしていなかったら、あなたは一人ぼっちになってしまいます。

友人の大切さというものを、いま知ってください。


60代になってから慌《あわ》てても、友情を育てるのは時間がかかります。

木を育てるように、長い時間をかけて育てていかなければなりません。

新しい友人をもつのも、昔の友人との交流を再開するのもいいでしょう。

けれども、それを準備するのは60代では遅すぎます。

仕事を離れたとたんに、人生から親しい人がいなくなるというのは、あまりにも寂しすぎます。

心から信頼できる友だちをもつ豊かさを、50代のいまから準備してください。

5

故郷《ふるさと》を訪ねる

5 故郷《ふるさと》は、心の栄養源

あなたの故郷はどこですか？

大都市出身の人以外は、故郷と呼べるようなものをもっていると思います。東京、横浜、名古屋、大阪などの大都市に生まれ育って住んでいる人も、自分のホームタウンという感覚はあるのではないでしょうか。

そのホームタウンというのは、じつはその人の心の栄養の源《みなもと》です。その場所のことを考えただけで、どこかちょっと安心できたり、守られている感じがしたりする。それが故郷なんですね。

たとえ、その地を離れていたとしても、故郷への思いは断ち切れないものではないでしょうか。

東日本大震災では、被災地への支援が全国各地から寄せられましたが、ご自身が東北出身の人はもちろん、親や祖父母が東北出身だという人も、他人《ひと》事《ごと》ではない痛みと、応援の気持ちを感じたことでしょう。

震災から半年後には、台風12号が、紀伊半島を中心とした地域に大きな爪あとを残しました。

奈良県の十津川村《とつかわむら》も、その被害にあいましたが、この十津川村に、北海道の新十津川町《しんとつかわちょう》がお見舞い金として５０００万円を寄付しました。

新十津川町は、明治時代に起きた今回と同じ豪雨災害で、十津川村から北海道に移り住んだ人たちが開拓《かいたく》してできた町だそうです。町の人たちは、十津川村を母なる村、「母村《ぼそん》」と呼んで、いまもその交流は続いているそうです。

これこそ、１００年以上たっても、故郷への思いは消えないということの証ではないでしょうか。寄付されたお見舞い金は、町の財政調整基金を取り崩すもので、町議会において、全会一致で可決されたと報道されていました。

それほどまでに、自分の生まれたところというのは、誰にとっても大事なものです。都道府県人会というものがありますが、出身地が同じだというだけで、なんとなく相手に対して親近感がわいてきます。

私は神戸で生まれましたが、それだけの理由で、神戸出身で活躍している人たちに、パーティーに呼んでいただいたり、ご自宅に招かれたりということが何度もあります。とてもありがたいことだと感謝しています。

それだけではありません。拙著《せっちょ》『ユダヤ人大富豪の教え』(大和書房刊)にもエピソードとして紹介していますが、第二次世界大戦中、多くのユダヤ人が迫害《はくがい》から逃れるために、神戸を経由して第三国に渡りました。

私が20歳でアメリカに行ったとき、私が神戸出身というだけで、「あのとき神戸の人たちに親切にしてもらった」と私の手を取ってお礼を言ってくれるユダヤ人に何人も出会いました。神戸に生まれたことで、計《はか》り知れない豊かさと幸せをもらっていると感じています。そのために、神戸出身の人にも、特別な友情を感じます。

5

忘れていたあたたかさを感じる

故郷はいいものだといっても、人によっては、20代、30代の頃には、大嫌いだとしか思えなかったという人がいるかもしれません。

故郷と親のイメージが重なって、恥ずかしかったり、わずらわしかったりしたことがあるのではないでしょうか。けれども、50代になれば、そんな気持ちは嘘のように消えている人も多いでしょう。

自分の人生がスタートした場所であり、自分の基礎ができていった場所、それが故郷です。

親やきょうだいがその地を離れていれば、もう何年も、もしかしたら何十年も、故郷には行っていないという人もいるかもしれませんが、機会があれば、ぜひ訪ねてみてください。

住んでいた家はあるでしょうか。学校はどうなっているでしょうか。よく遊んだ場所、買い物をした商店街は、いまも残っているでしょうか。そこから見える景色は、どうでしょう？　昔と同じでしょうか。


視点が変われば景色は変わります。実際に訪ねてみると、思ったより道路が狭かったり、山が低かったりするかもしれません。

そういう景色を眺めていると、少しずつ記憶が蘇ってきます。それと同時に、気持ちがあたたかくなっていきます。

自分が育ったのは、こんなにも平和で穏やかな場所だったということに気づかされるのではないでしょうか。

故郷を訪ねて、自分のルーツを確認して、あたたかい気持ちになって、これからの人生をプランニングしてみましょう。

5 子ども時代の楽しさを思い出す

子どもの頃に過ごした街を歩いてみると、当時のことをいろいろ思い出します。たとえ街並みが変わっていたとしても、何でもない通りの角や山の景色が記憶を呼び覚ましてくれるでしょう。

「ここで転んだことがある」

「母親と待ち合わせをしたのは、この場所だった」

「友だちの家に行くときには、いつもこの通りを抜けていったんだ」

いまのいままで、忘れていたことさえ忘れていたような、当時の小さい出来事が目の前に浮かんでくるのではないでしょうか。

いま振り返れば、子どもの頃は1日が長かったように思いませんか。夏休みの40日間は、過ぎてしまえば、それこそあっという間でしたが、でも、思い出は数えきれないほどあるはずです。

毎日とはいわないまでも、大変なことや面白いことがたくさんありました。

最近では不眠症に悩む人も少なくないと聞きますが、あの頃は夜になれば、ぐっすり眠っていたのではないでしょうか。そして、運動会や遠足の日は、起こされるまでもなく、早く目が覚めたものでした。

子どもの頃に過ごした故郷を訪ねることで、当時の楽しさを思い出してみましょう。そして、同じようなワクワク感で、人生を生きられるということについても考えてください。

人生を、あのときのように楽しく過ごすこともできます。そして、やらなければいけないことばかりに囲まれて、毎日をやり過ごすこともできます。

これからの人生をどう生きるのか、カメラを引いて考えてみましょう。

5 自分のルーツを掘り起こす

自分のルーツは故郷にあります。

あなたの生まれ育った街の歴史や空気感といったものが、知らないうちに自分の中に根づいているものです。

たとえば、すごく虐《しいた》げられたエリアで過ごした人というのは、都市部に対してコンプレックスをもっている場合があります。人によっては、それが高《こう》じて「東京の人間は信用できない」というような感覚をもつこともあります。

いまから１００年以上前の戊辰《ぼしん》戦争といえば、会津《あいづ》の白虎隊《びゃっこたい》をイメージする人も多いかもしれません。多くの若い命がその戦争で失われましたが、当時の遺恨《いこん》がいまも残っているという人も少なくありません。

私の大学時代の友人で、福島県出身の人がいました。あるとき、ふだん温厚な彼が、イライラした調子で、山口県出身の同級生が嫌いだということを言っていました。

「何でそんなに嫌なの？」と聞くと、彼は、「性格も嫌なんだけどな。でも、いちばん許せないのは、アイツは長州《ちょうしゅう》の人間だから！」と言うではありませんか。自分で実際に体験したわけではないのに、そんな感覚を彼はもっていることに、とてもびっくりしました。

このように、その土地に生まれたというだけで、自分の行動原理が、何かしらの影響を受けていることがあります。

自分の生まれ育った場所の歴史を調べてみることで、自分の中の、無意識のうちに感じていた性質や考え方のもとがわかるかもしれません。

それは、自分を知ることにつながります。

過去の歴史を思い出せということではありません。自分の中に残されたDNAを知ることが大切なのです。

6

愛を育《はぐく》む

6

人生でもっとも大切なものは?

あなたにとって、人生でもっとも大切なものは何でしょうか。

それは、いまの仕事でしょうか。家でしょうか。

それとも家族でしょうか。パートナーや子どもでしょうか。

信仰や政治的信念だという人もいるかもしれません。

50代のいま、自分にとって何が大切なのかを、ここで整理してみることは、貴重な体験になります。

多くの人は、自分にとって大切なものとして、家族とか友情、愛情を挙げるでしょう。

でも、ここでもう一度、質問します。

その大切なもののために、あなたは1日に、あるいは1週間のうち、どれくらいの時間を使っているでしょうか。

家族が大事だと言いながら、その家族と一緒に食事をしていますか？

友情や愛情が大事だと言いながら、それを育てているでしょうか？

健康が大事だと言いながら、何もせず、それで健康でいたいというのは、ちょっとムシのいい話だと思いませんか。

家族が大事、友情が大事と言いながら、じつは少しも大事にしていなかったりしがちです。「参ったなぁ」と感じている人も多いかもしれません。

自分にとって、何がいちばん大事なのかということを考えて、それにエネルギーを注《そそ》ぎましょう。

手遅れにならないように。いまならまだ間に合うかもしれません。

6

愛とは何かを考える

多くの人が、「人生で大切なものは愛だ」と理念的には考えていると思います。それでいて、そのための努力は「なかなか難しくて、あまりしていない」という人がほとんどでしょう。

前にも話したように、50代は忙しいのです。愛のために時間を使いたいと思っても、その前にやらなければならない仕事や役割が山積みです。

その結果、たいていの人たちが、愛を与えず、愛を受け取れない人生を生きているといっても過言ではありません。

東日本大震災が起きて、一人で生きていくことに不安を覚えた人は少なくないようです。そのために婚活《こんかつ》が盛んになっているという話も聞きますが、それで問題は解決しないことを、あなたなら知っているでしょう。それは、パートナーがいるからといって、愛を感じられるわけではないということです。パートナーがいるからこそ、かえって愛に絶望することもある。すでに、その状態を体験してきた人もいるでしょう。

一緒に住んでいても心が離れている関係もあれば、たとえ遠距離恋愛で、からだは離れていても、心がつながっている関係もある。どちらに愛があるかは言うまでもないでしょう。

毎日24時間一緒にいるのに、少しもわかり合えないカップルもいます。地球の反対側で暮らしながら愛を育《はぐく》んでいるカップルもいます。

家族がバラバラの地域に住んでいて、年に数回しか会わないけれど、深くつながっていたとしたら、それはすばらしいことです。

自分にとって愛とは何なのか。そして、それがどういうかたちを取ると理想的なのか。これを機会に考えてみましょう。

6 誰と愛情を育むか？

愛情は、誰と育むかによって、そのスタイルは変わってきます。

これからの人生で、あなたは誰と、あるいは、何と愛を育みたいですか？

それは自分のパートナーなのか、あるいは愛犬なのか。熱帯魚や観葉植物を挙げる人もいるかもしれません。

50代の愛は、単に恋愛に関してとは限りません。

愛は自分の中からあふれ出るものです。

誰かを心から愛するようになると、自分のもっているものをすべて与えたいという気持ちが自然に出ます。そして、実際に与えはじめると、自分の中にたくさんのすばらしいものがあることに気づきます。

愛するもののために何かしてあげたいという気持ちは、人間のもつ力の中でも、もっともパワフルなものです。

20代、30代という若い頃には、愛するといっても自分のことで精一杯で、相手を思いやる余裕がありません。

愛するとしても、ついつい、その見返りを求めてしまいがちです。結果、そばにいても、ギスギスした関係に陥《おちい》りやすいというわけです。

しかし、50代にもなってくると、自分の中の慈愛《じあい》のようなものを感じる人も多くなってくるでしょう。

逆に、自分がぜんぜん満たされなくて、狂おしいほど「愛が欲しい！」と思いつめて、日常生活に支障をきたす人も出てきます。

50代になって、急に20歳も若い恋人と駆け落ちする人がいます。あなたのまわりでもそういうことがあったかもしれません。

自分は何に愛情を捧《ささ》げるのか、どういう関係を望んでいるのかを、このタイミングでぜひ考えてみましょう。

6 愛とニーズの違いを知る

愛を育んでいくためには、自分の愛を差し出さなければなりません。

若い頃の恋愛では、喜んで愛を捧げたあなたも、年を重ねるごとに、それができなくなっているのではないでしょうか。

自分は捧げたいと思っても、相手が受け取ってくれないと思っている人もいるかもしれません。

欧米で絶大な人気を誇るパートナーシップのセラピスト、チャック・スペザーノ博士の著書に『傷つくならば、それは「愛」ではない』（大空《おおぞら》夢湧子《ゆうこ》訳、ヴォイス刊）という一冊があります。

タイトルにもなっている「傷つくならば、それは愛ではない」というのは、何かをして傷つくとしたら、それは愛ではなく、「ニーズ」だというのです。

「家事を毎日しているのに、感謝してくれない」

「料理を作っても、ほめてくれない」

「風邪をひいても、大丈夫かと聞いてもくれない」

こうして自分の中のニーズがだんだんと満たされなくなっていくと、どうやって人生を生きていったらいいのかもわからなくなってきます。

自分では「愛」だと思っていたことが、じつは「ニーズ」だったということに気づかないと、混乱が起きてしまうのです。

ニーズをもつことが悪いというわけではありません。自分の中にあるニーズを否定していると、思わぬところから、抑圧《よくあつ》している感情が暴発《ぼうはつ》します。

見返りを求めるのは、愛でなく、ただの期待にすぎないことを知っておきましょう。

7

家族との軋轢《あつれき》を解消する

7

家族との軋轢《あつれき》は、不幸を呼ぶ

家族との軋轢は、人生で最悪の不幸な状態を引き寄せます。

思いがけないところで人生を狂わせてしまう人がいますが、その原因がじつは家族との軋轢にあるという人は少なくないのです。

病気になるのは不幸と感じることの一つですが、それよりも、家族とうまくいっていないことのほうが、不幸感は大きいものです。

健康でも家族とのいざこざが絶えない人と、たとえ病気でも仲のいい家族に恵まれている人とでは、どちらが幸せかは言うまでもないでしょう。

その意味で、あなたの家族の中で少しでも不和があるならば、それを解消することが、人生での最優先事項だと考えていいのではないでしょうか。

これはもともとの両親やきょうだいとの関係でもそうだし、新しく築いた家庭の家族関係でも同じです。

私のセミナーに来る人の中には、もう10年ぐらい、両親と会っていないという人がたまにいます。両親と1年以上会っていないという人は、驚くべきことに、ものすごくたくさんいます。これは、家族関係がうまくいっている人にとっては、考えられないでしょう。

5年以上きょうだいと連絡をとり合っていないという人も、結構います。そういうわだかまりが、人生の別のところでシコリになっていることに、本人は気づきません。

両親やきょうだいとのあいだに不和がある人というのは、どこか心の平安がなくて、イライラしていたり、絶望していたり、感情が麻痺しているケースが多いのです。その苦々しさは、不和の相手以外の家族とのあいだで別の軋轢を生むことになります。家族としっくりいっていない人は、よく見てみましょう。

7 家族とつながれる人は、社会を信頼できる

あなたの潜在意識は、家族のことを社会のミニ版として捉《とら》えています。だから家族と調和を保っている人は、社会に対して安心できるし、自分はうまくいくと、自然に考えることができます。人生を前向きに捉えられるので、精神的にも安定していて、仕事も成功しやすくなります。

けれども、家族としっかりつながっていない人は、いつも言いようのない不安を抱えています。

「何かあったら自分は食いっぱぐれるんじゃないか」

「ひどい目にあうんじゃないか」

「無視されるんじゃないか」

と思って、被害妄想《もうそう》的になってしまいます。

そのために、相手が誰であっても、なかなか信用することができません。

また、人は、知っている人に似ているというだけで、その人に親しみをもちやすくなったり、警戒心をもったりします。

たとえば兄との関係が良好な人は、たまたま、その兄を連想させるようなお客さんが来たら、自然と親切に対応できます。

これが逆に、兄との関係がうまくいっていない場合は、その兄に似ているというだけで身構えたり、失礼な態度を取ってしまいがちです。

どちらの人から商品やサービスを買いたいかというのは明らかでしょう。

そうやって考えると、自分が生まれ育ったもとの家族といい関係をもっている人のほうが、生きるのが楽だといえるでしょう。そして、自分の新しい家族とも、より愛情でつながりやすくなります。

7

家族を癒《いや》す

あなたの家族は、ふだん一緒にいるときに、どんな顔をしていますか。

みんながいつも笑顔でいるというのは理想ですが、現実には、なかなかそうはなっていないことが多いのではないでしょうか。

外ではいい顔をしている人でも、家に帰ると、なんとなく不機嫌な態度を取ったり、疲れた顔を見せたりということはあるでしょう。

また、そういう面を見せられるから家族なのだということもできます。

私たち現代人は、さまざまなストレスにさらされています。仕事や人間関係から発生するトラブル、災害や不況などの社会的状況からくる不安、家族や友人たちにさえ理解してもらえないという不満……。そうしたストレスが癒されないまま、心の奥底に怒りとして溜《た》まっていきます。

これは『40代にしておきたい17のこと』でも書いたことですが、怒りは、自分が尊重されていないと感じたときに出る感情です。

たいていの場合、自分が理解されていない、感謝されていない、尊重されていないと思うから、人は怒るのです。そして、怒りの下には、たいてい悲しみがあります。

自分は、この世界に受け入れられていないんじゃないか、家族に受け入れられていないんじゃないか、会社に、国に尊重されていないんじゃないか――という悲しみが、怒りに変わるのです。

わき上がってくる感情を冷静に見て、その感情は国とか、パートナーとか、家族とか、会社とかとは、まったく関係がないことに気づくことは大事です。その悲しみや怒りが出たのは、「自分が自分を受け入れてなかっただけだ」と気がつくことが、心の平安へのスタートなのです。

そうして、自分を癒すことができたら、こんどは、あなたが家族を癒してください。「あなたを受け入れている」ということを相手に伝えるのです。それは言葉に出してもいいし、出さなくてもいい。一緒にいる時間を多くしたり、相手の話に耳を傾《かたむ》けるだけでも、あなたの気持ちは伝わるでしょう。

家族には、そんな癒されていない部分をお互いに見せ合い、あるときはあぶり出し合い、痛みを癒すという機能があります。ほとんどの家族で、この機能が働いていないのは、とても残念なことです。

お互いが、サポートし合えるのに、その役割を放棄《ほうき》した瞬間に、どんな家族も、それぞれが不幸になっていきます。

自分と家族をできる限り癒したいと考えて行動するのか、あるいは家族に絶望するのかで、人生がぜんぜん違ってくるでしょう。一人が変われば、家族全体の空気が変わっていくものです。あなたが最初に気づいたのなら、癒しをスタートさせてください。他の家族にも、多少の時間差はあるかもしれませんが、きっと、あなたの愛情が届くはずです。

7 宿題をやり遂げる

この10年、ひょっとしたら人によっては20年、ずっと課題だと思っていること、宿題だと思っていることはありませんか。

果たされないままの約束、和解できていないままの関係――そのことを考えただけで、何か心がモヤモヤしてくるようなこと。気になりながら、面倒なのと後ろめたい気持ちで、つい先延《さきの》ばしにしたり、忘れようと思ったりしていること。そうした宿題を、そろそろ片づけてしまわなければならないのが、いまの50代という年代です。

もう亡くなってしまった父親との葛藤《かっとう》――それが宿題の人もいます。相手が亡くなっているので、もうとっくに終わったと思っているかもしれませんが、その人のことを考えたときに、感謝と心の平安を感じていない場合は、まだ本当の意味では、完了していないといえます。

自分の子どもとのわだかまりが決着していないという人もいるでしょう。もう独立して何年もたっているのに、顔を合わせられない、会ったとしても、どこかよそよそしさが消えないという場合も、完了しているとはいえません。

そうした宿題は、いまのうちに完了しておくことをおすすめします。なぜならそれができないと、あなたの人間関係だけでなく、あなたの子どもの人生をも静かにむしばんでいくからです。

相手が生きている場合には、直接話をすることです。亡くなっている場合には、自分の気持ちと向き合って、手紙を書いてみるのもいいでしょう。どちらの場合も、自分の本音をぶつけ、相手の本音も受けとめ、そして、相手を許し、自分を許すことができたら、その相手との関係だけでなく、あなたの人間関係そのものが変わってくるでしょう。

8

ロマンスを取り戻す

8 ロマンスの香りを思い出す

あなたが最近、恋をしたのはいつですか？

50代の人は、ロマンスに関して両極端ではないでしょうか。

まだ自分の中の男の部分、女の部分を捨てず、セクシーな雰囲気をもっている人もいれば、完全にオジサン、オバサンと化して、セクシャリティがほとんど抜け落ちてしまったような人もいます。心から人生を楽しんでいる人は、このロマンスの香りが、50代になってもまだ残っているでしょう。

いずれにしても、あなたが60代に入る前に、ロマンスの香りをもう一度思い出してみましょう。それは男性として、女性として、魅力的になるということにつながっていきます。

ロマンスは、人生すべてのモチベーションの源になります。

10代や20代の頃、好きな人ができただけで、やる気がわいたのを覚えているでしょう。ロマンスは仕事で成功するより、はるかにパワフルな動機をもたらしてくれます。

年を重ねるごとに、恋愛からは遠ざかっていくように感じるでしょう。若い頃の自分に比べたら、いまの自分はもう恋愛の対象にはなれないと決めつけている人もいるかもしれません。

でも、人生からロマンスの香りをなくしてしまわないことです。男としての自分、女としての自分に磨きをかけることを怠《おこた》らないでください。

男性として、女性としての自分を捨ててしまったら、ある意味とても楽に生きられるでしょう。しかし、そうなってしまうと、人生の楽しみまで、どうでもよくなってしまいがちです。

自分が魅力的でありたいと思う気持ちは、いくつになっても、あなたを人間的に成長させ、人生を輝かせてくれるのです。

8 恋をする

人生にロマンスの香りをなくしてはいけないということを話しましたが、だからといって、新しく恋人を探せといっているのではありません。

誰かのことを「素敵だな」と思う気持ちを、50代になっても死なせないことが大切なのです。相手は、俳優やタレントでもいいし、もっと身近な人でもかまいません。

もちろん、それが自分のパートナーであればすばらしいですが、たとえば、「ライフワーク」のようなものでもいいし、大好きな音楽や、どこかの場所でもいいでしょう。

その人のこと、あるいは、そのことを思っただけで、気持ちがドキドキして楽しくなるような、そんな対象をもつことが、これからの人生にどれだけ彩《いろど》りを添えてくれるかわかりません。

あなたのハートは、生きている限りドキドキするようになっています。逆にいうと、ドキドキしていることが生きている証です。

若い頃にはちょっとしたことで、心臓が高鳴ったでしょう。大人になって寂しいのは、ちょっとしたことでドキドキしたり、ワクワクしたりということが少なくなる点です。

だから、意識して「恋をする」ことが必要になってきます。

60代になったときに、イキイキとした自分でいるのか、それとも枯れた老人のようになってしまうのか。そのカギを握《にぎ》るのは、50代のいまのうちに、何かに心奪われる体験をしておくということなのです。

自分のハートを絶えず、ドキドキさせるような毎日を心がけてください。

8

自分のセクシャリティを大切にする

セクシャリティは、お金と同じく、現代のタブーの一つです。公《おおやけ》にはもちろん、親しい友人のあいだでも、お金やセクシャリティの話はしない人が多いのではないでしょうか。

たいていの男性、女性は、自分が男性であること、女性であることに対する、ある種の気恥ずかしさと罪悪感をもっています。

そのために、自分のセクシャリティをあえて自由に表現しようとはせず、むしろ、それを抑圧して大半の人生を生きようとします。

それとは逆に、自分のセクシャリティを完全に解放して、混乱した人生を生きる人もいます。

どちらも、セクシャリティを偏《かたよ》ったものにしています。

自分が男性であること、女性であることを意識して、それをどれだけ気持ちよく受けとめられるかで、50代の幸せ度は決まってきます。

完全にオジサン化、オバサン化してしまうと、20代の人の目には、もうあなたの人生は終わっているように映《うつ》るでしょう。

特に夫婦関係で、お互いを「お父さん」「お母さん」と呼んでしまうようになっていたら、終わりは近いと思ってください。

セクシャリティを大切にするというのは、自分の中の男性らしさ、女性らしさを素直に表現することです。無理に抑え込む必要もなければ、これ見よがしに見せびらかす必要もありません。

20代の頃に比べたら、からだは確実に老いに近づいています。でも、モデルになるわけではありません。セクシャリティを大切にするというのは、自分自身を大切にするということにつながっていると考えましょう。

8 パートナーと出会いなおす

結婚している人、パートナーがいる人への質問です。

あなたは、相手をどれだけ愛しているでしょうか。

そしてパートナーと、どういうふうに呼び合って、どれだけ互いのからだに触れ合ったり、どれだけセクシャリティの交流があるでしょうか。

結婚して数十年たってしまうと、いつのまにか名前で呼び合うこともなくなり、夫婦というより同居人というほうがしっくりくるようなカップルもいます。

一方で、いまも毎晩一緒にお風呂に入って、いろいろなおしゃべりをしながら、お互いのからだを洗い合うような、仲のいいカップルもいます。

恋愛の初期には一気に燃え上がったロマンスの炎は、時間の経過とともに小さくなっていきます。それが自然の流れだということもできるでしょう。

ロマンスの炎は、お互いが薪《まき》をくべるなどの努力をしなければ、あっという間に燃え尽きてしまうのです。

その努力をしてきたカップルとそうでないカップルの差が、いまになって出てきます。結婚して20年以上たっても毎晩お風呂に一緒に入るカップルは、そういう努力をしてきたのです。

いまからでも遅くはありません。

もう一度、パートナーと出会いなおしてみましょう。

最初は恥ずかしいかもしれませんが、朝起きたらハグをするとか、名前の呼び方を変えてみるとか、「お父さん」「お母さん」は禁止するとか、そういうルールをぜひ考えてください。そうしてロマンスを取り戻すことで、パートナーとの関係も変わっていくでしょう。

9

お金の計算をしておく

9 お金で幸せは買えない

当たり前のことですが、お金で幸せを買うことはできません。

それは、50代のあなたなら、よくわかっているでしょう。

幸せというものは自分が感じるものであって、お金を使って獲得するものではないからです。大きな家を買ったり、車を買ったり、何かものを買ったりしても、一時的な満足感は得られますが、幸せになることは別の話です。

実際にあなたのまわりでお金をもっている人が、それほど幸せそうではないのを見て、安心したこともあるのではないでしょうか。

あなたは、これまでにお金とどのようにつき合ってきたでしょうか。

『40代にしておきたい17のこと』では、お金のつき合い方には次の3種類しかないと紹介しました。
（1）お金の奴隷《どれい》になる
（2）お金の主人になる
（3）お金の友人になる
そして、40代になったら、お金の「奴隷」や「主人」になるのではなく、「友人」になることをおすすめしました。

これだけを読むと、「お金の奴隷にならない」はともかく、お金の主人になるのは、それほど悪いことではないのではないかと思うかもしれません。

お金の主人になってしまう人たちは、お金を稼《かせ》ぎ、資産を築くことが得意です。そのために「自分は偉《えら》い」と勘違いして、お金さえあれば、何でもできると考えて、傲慢《ごうまん》に振る舞いがちです。

実際に経済力があり、社会的地位を得た人は、そんな生活を「こんなものなのか」と戸惑うことも多いようです。そして、こんなはずではなかったと混乱し、おかしくなってしまう人はたくさんいます。

お金に関する神話を自分で読み解き、お金に対する幻想《げんそう》や期待というものを一つひとつ見て、手放す必要があります。

いくらお金があっても、尊敬や人間的触れ合い、愛情を買うことはできません。お金とうまくつき合うには、お金の「主人」になるのではなく、「友人」になるほうがいいでしょう。

友人には、必要なときにはいつもそばにいてもらいたいものですが、いまのあなたにとって、お金という友人はどのような存在でしょうか。

もしかしたら、「もっとあったら、いろいろなことができそうなのにな」と思いながら、自分のところに来ても、すぐに帰ってしまう、気まぐれな存在だと思っている人が多いかもしれません。

お金に対して、卑屈《ひくつ》にならず、傲慢にもならず、感情的にリラックスした状態でいるというのは、なかなか難しいことでもあります。そのために必要なのは、お金に対してのあなたの感情をチェックすることです。

9

お金は不便さを解消できる

前の項で、「お金で幸せは買えない」と言いましたが、お金で不便さを解消することはできます。

たとえば電化製品は、より性能のいいものがどんどん開発されています。新製品を買うことによって、それまでの不便さを解消することはいくらでもできるでしょう。また、お金を使うことで、自分の見栄《みば》えをよくしたり、自分の時間を節約することはできます。

お金でできること、できないことを理解し、自分が欲しいものの優先順位を決めるための感性を養《やしな》うことが、お金といい友人になるコツです。

お金を稼ぐことも、使うことも、楽しんでできている人は、お金を、自分のやりたいことを応援してくれる親友のように感じています。特に意識していなくても、自然とお金との健康的なつき合いができています。

ところで、あなたが欲しいものには、お金で買えるものもあれば、自分が努力しないと手に入らないものもあるでしょう。お金と健康的につき合うのに、大金が必要なわけではありませんが、ある程度は必要になってきます。

そこで、人は知恵をしぼり、努力しようとします。そういう意味で、お金は人にモチベーションや課題を与えているのではないかと思います。

自分の心の動きをしっかり見つめ、現状に満足したり、もっとがんばってみようと奮起《ふんき》したりすることで、人生が面白くなってきます。

そうして、お金とうまくつき合うことができたら、人生の後半戦を気持ちよく、以前よりも楽しく生きることもできるでしょう。

お金を楽しく使い、楽しく受け取るということを、これを機会に考えてください。

9 お金と上手につき合うには？

お金と上手につき合うには、お金に対して自分がどんな感情をもっているのかを知り、それと向き合い、癒すことが大切です。

いま、少し時間を取って、お金に対して、自分がどんな感情を抱いているのかを調べていきましょう。

あなたにとって、お金はどういうものですか？　前に挙げたように、気まぐれな友人のような存在かもしれません。もっと仲よくなりたいのに、縁《えん》のない存在かもしれません。招いているわけでもないのに、なぜか寄ってきてしまう存在だという人もいるかもしれません。あるいは、暴力的にあなたの尊厳を奪ってしまう存在かもしれません。

お金は、もっと来てほしいと思いながら、たくさん来られても困る「お客様」のような存在――そう思っている人は、案外多いのではないでしょうか。

「お金なら、たくさん来られて困るということはないけどなぁ」と反論されるかもしれませんが、実際にそうなっていない場合には、じつは無意識のうちに、お金が集まりすぎないことを願っている可能性が大なのです。

お金が欲しいと言いながら、お金に対して怒りや悲しみの感情を抱いている人は少なくありません。稼げないことに対して、自分は価値がないと思っていたり、他の人たちはもっと稼いでいるに違いないという思い込みから、嫉妬や絶望感を抱いている人もいるでしょう。

相手にお金があるというだけで、傍若無人《ぼうじゃくぶじん》に振る舞われたり、家族の中に割って入られたりという体験をする人がいます。あるいは、親孝行の気持ちを表すというときにも、お金のあるなしで、引け目を感じたりということがあります。そうした経験が、お金に対するさまざまな感情を、その人に植えつけてしまうのです。

無意識に心に刻まれた、お金に対する自分の感情と向き合い、それを癒すこと。それなしに、お金と上手につき合うことはできません。

それは、簡単ではないでしょう。特にお金に対するネガティブな感情は、見たくないものとして、いままで自分で蓋《ふた》をしてきたものだからです。

たとえば、お金に対する怒りと向き合う場合には、お金に関して経験した悲しみ、不満、情けなさ、恨みというものが一気に噴出《ふんしゅつ》します。

じつは、お金に対する怒りは、親に対するものだったという事実に、あなたは愕然《がくぜん》とするでしょう。

そうした感情を再認識することは、つらく、苦しいものです。

けれども、そうした感情をもった自分を許してあげましょう。親を許してあげましょう。その瞬間から癒しが始まります。

自分の中にあるお金に対するネガティブな感情を認め、すべてを許し癒すところから、あなたとお金の健康的なつき合いが始まるのです。

9

お金で人生を台無しにしない

50代というのは、本人が意識しているいないにかかわらず、人生のゴールがしばらく先に見えてくる時期です。

よくも悪くも先が見えて、「このままでいいのか」「こんなはずじゃなかった」という思いがわいてきます。それが一種の焦燥感《しょうそう》となって、ときに衝動的な行動に走ってしまうことがあります。

特に、それが経済的な分野であれば、「お金さえあれば、なんとかなる」というような思い込みから衝動的に行動してしまいがちです。

投機《とうき》的な商品に投資してしまったりするのが多いのも、この年代です。極端な場合には、まわりの人から、「どうして、あんな真面目な人が……」と言われるような犯罪につながることもあります。

50代は魔がさしやすい時期でもあるので、気をつけてください。お金で人生を狂わせるなんて、そんなことは自分にはあり得ないと考える人は少なくないでしょう。たいていは、「自分は大丈夫」と思っているのではないでしょうか。

けれども、誘惑とは恐ろしいもので、誰も気づかないような小さな心の隙《すき》に入り込んで、これまでの人生をメチャクチャにしてしまうことがあることを知っておきましょう。

ある県警の調査で、万引きで検挙《けんきょ》した人数のうち、その3割以上が高齢者で、初めて万引きした年代は50歳代が最多という実態が報告されました。

たった数百円のものを万引きして、懲戒免職《ちょうかいめんしょく》になった公務員もいます。ちょっとずるいことをしたり、あるいは人の信頼を裏切るようなことをしたりして、結局は、それが原因で経済的に自滅《じめつ》してしまう人もいることを、肝《きも》に銘《めい》じておきましょう。

10

趣味を
ライフワークに
進化させる

10
趣味を大切にする

あなたに趣味と呼べるものは何かありますか？

趣味をもっている人は、幸せな人です。なぜなら、その趣味に携《たずさ》わっている時間のぶんだけ、その人には、確実に幸せが訪れるからです。

もしあなたが、これといった趣味をもっていないなら、とにかく何でもいいから、何か興味のあることをいろいろやってみてください。

たとえば、通信教育のコースの一覧表を見て、「これは面白そう」というのを無作為《むさくい》に選んでみるのも面白いのではないかと思います。

あれだけ受講者がいるということは、全国にそれだけのファンがいるわけで、新しい趣味をもてるのと同時に、それを通して友人が増えることは間違いありません。

私のまわりでも、ビーズや手編みのセーター、ガーデニングやスポーツなどの趣味をもっている人がいますが、趣味のある人とない人を比べると、趣味をもっている人のほうが、はるかに楽しそうです。

なかには、仕事が趣味だという人もいるかもしれませんが、人生80年の時代、仕事だけでは時間があまりすぎるのではないでしょうか。


また趣味の世界は、ふだんの能率重視の世界とは対極にあるものです。牛乳ビンのフタや箸袋を集めるなど、まったく無駄なことをやるのは、なんとも楽しいことのようです。違う次元の世界をもつことは発想の転換になり、それが仕事のヒントにつながったりもするでしょう。

60代以降は、趣味が自分の人生の中心になる可能性もあります。

そのときに「やることがない」と慌てないために、いまから準備をしておきましょう。

10 人生をかけてやりたいことを見つける

趣味をもつことと同様に、人生で、自分の情熱をかけてやれることを見つけた人は幸せです。

それをやっているだけで時間がたつのも忘れてしまうようなこと——それは、その人の一生の趣味になるかもしれません。その中には、もっと大きく自分のライフワークだと思えるような活動も、含まれるでしょう。

環境問題に携わったり、地域の活動に参加することを挙げたりする人もいるかもしれません。

自分の人生をかけてチャレンジできることを見つけられたら、その人の人生は、たとえそれが困難なチャレンジだとしても、充実したものになるでしよう。もしかしたら、それが困難であればあるほど、生きる手ごたえのようなものを感じるかもしれません。

けれども、それは、大きなチャレンジである必要はありません。

小さなことでも、大きなことでも、何でもいいから自分が面白そうだと思ったものは、試してみたほうがいいと思うのです。

趣味やライフワークは、たいてい、ちょっとした興味から始まることが多いものです。

新聞や雑誌の記事を見て、面白そうだなと思ったことから、どんどんハマっていったということも、よく聞きます。パラグライダーを見て「楽しそうだなぁ」と思ったことがきっかけで、週末、自分でやるようになり、ついにはスクールを経営するようになった人もいます。

あなたの興味がどういうものであれ、自分が「これだ！」と思えるものを見つけたら、動いてみる。それをぜひ習慣にしてください。

10 趣味とライフワークの違い

趣味がライフワークにつながっていく人もいます。

最初は趣味でパンやクッキーを焼いていた人が、そのうちに、それを分けてくれという人が増えて、とうとうお店をもつようになってしまったという人を、私は何人も知っています。なかには、自分が始めたお店が100店舗にもなったというすごい人もいます。

自分の趣味が、たくさんの人たちに喜ばれることを知って、どんどん拡大していくというのは、考えただけでワクワクすることです。

多くのライフワークは、そうやって、ほんのささいなことがきっかけとなってスタートしていきます。

「こんなものが仕事になるわけがない」と思うようなことでも、ぜひやってみてください。始めるときのルールはたった一つ、「自分がやっていて楽しいこと」に限るということです。

趣味とライフワークの違いは、あなたがやっていることに対して、人が喜んでお金を払ってくれるかどうかです。

「こんなのが趣味なんです」とあなたが淡々とやっていることに、まわりがお金を払ってでもいいから、それを欲しいと言ってくるかどうかです。それがうまくできたら、それを人生後半の仕事にすることもできます。

最初はちょっとした興味から始まるという点では、趣味は恋愛と似ているかもしれません。

「まさか、こんなにハマるとは思わなかった」といって、結婚に至るケースもあるでしょう。

そんな出会いを、趣味の世界でももってほしいと思います。

11

健康と向き合う

11

健康がこれからのいちばんの資産だと知る

50代は、健康と不健康のあいだをきわどく歩いているといえます。不摂生《ふせっせい》をしてきた人の中には、すでに病気を抱えている人もいるかもしれません。これまで健康だった人も、どこかここか痛くなったり、弱くなったりしているでしょう。女性は更年期に入り、男性の半数以上がメタボリックシンドロームか、またはその予備軍だといわれています。

人によっては、持病が出たり、そのために一生、治療を続けなければならないこともあります。

そういう意味で50代の後半以降は、どれだけお金があるかよりも、痛いところがどこにもないことが、いちばんの資産だといえるかもしれません。

「一病息災《いちびょうそくさい》」の言葉のとおり、一つくらい病気をもっているほうが長生きできるというのは、ふだんから摂生することがいかに大切かということです。

風邪もひかないという人ほど、自分の健康を過信《かしん》して、からだに無理をさせてしまいがちです。こういう人ほど、要注意なのです。

なぜなら病気によっては、ある日突然やってくるからです。

そんな日を迎えないで済むことが、50代の幸せです。

いまの時代は、からだの病気だけでなく、うつ病などの精神疾患に悩まされる人も少なくありません。

からだにも、心にも、無理をさせすぎないこと、日頃のケアを怠らないことが、50代の義務であり、幸せのカギだといえるでしょう。

病気になったからといっても、それで必要以上に悲観することもありません。いずれは、人生に終わりがきます。それを教えてくれる病気は、よりよく生きなさいよというメッセージでもあります。

11 健康のつくり方

生まれつき健康だという人はたくさんいます。でも、50代になったら、健康は自分でつくっていかなければなりません。

そして、健康をつくるには、家をつくるのと同じように、お金と時間とエネルギーをかけなければいけません。

それをしないままでいくのか、あるいは健康に注意をして60代を迎えるのかで、人生最後の10年、20年の楽しさがぜんぜん違うものになります。

60代以降の人生を楽しみたいと思うならば、いまから健康なからだをつくっておく必要があります。面倒くさいなと思いながらも、予防しておかなければ、数年後に何倍も大変なことになりかねません。

あなたは健康診断を受けていますか？

企業や健康保険組合では、社員が定期的に健康診断を受けられるシステムを利用しているところが少なくありませんが、忙しさを理由に、それを受けない人も案外多いと聞きます。

また、会社や保健所などで行われる検査だけでは、不十分である場合もあります。そういうときには、自分で人間ドックを受診したりということが必要になります。

その他、住環境や仕事のやり方も含めた健康的な環境を整えたり、健康的な食生活を送るにも、お金がかかるでしょう。

これからの20年、30年を、寝たきりで過ごすのか、あるいは、からだも好調で、幸せに楽しく生きるのか。これは50代に、いかに健康に気を配るかで大きく変わるでしょう。

11 健康上の宿命と運命

松下幸之助《まつしたこうのすけ》さんは子どもの頃から病弱で、医師から50歳まではとても生きられないと言われたそうですが、「それくらい弱かったからこそ、摂生して経営ができた」というような言葉をのこしています。

からだが弱かったから摂生することによって長く生きる人もいれば、健康でも、急な発作などで亡くなる人もいます。

誤解を怖れずにいうなら、病気になったのは、それが運命だったと考えるしかないような場合も、人生にはあります。健康でいられる人と病気になる人の違いを考えたときに、ただ健康に気をつけたかどうかだけでは、説明がつかないことがあるからです。

ふだん摂生していても病気になる人はいるし、まったく不摂生で、お酒も飲むし煙草《たばこ》も吸う、生活も不規則、それなのに、なぜか風邪ひとつひかない人もいます。

突然、命にかかわる病気になったときには、それが特に遺伝の場合には、そうなることが宿命だったと思ってしまいがちです。

その意味では、人がコントロールできない分野が、病気や寿命というものです。どれだけ注意していても、病気を避けることはできないケースもあるからです。

自分が将来病気になる可能性についても、冷静に考えておきましょう。

けれども、それでも間違いなくいえるのは、宿命がどうであれ、いまもっている健康状態を維持する努力をするかどうか、その選択権はあなたの中にあるということです。それを、ぜひ覚えておいてください。

11 病気と死について考える

50代は、病気と死について考える機会が増えるときではないでしょうか。

この時期に同級生の死を体験する人もいるでしょう。親を見送るという可能性も出てきます。

ですから50代は、昨日まで元気だった人が、突然亡くなるということがあるということを、身をもって知る年代だといえます。

まだまだ働き盛りで、子どもが成人していない人もいるでしょう。でも、そんなことはおかまいなしに、病気と死はいつ訪れないとも限りません。

死は、誰にでもやってきます。

自分の最期《さいご》を考えるときに、あなたは、どのように死にたいと思うでしょうか。それは、それまでをどのように生きるかということにつながります。

『40代にしておきたい17のこと』では「人生の意味を見出す」ということを挙げて、次のように書きました。

「人の幸せは、自分をそのままで受け入れられるかで決まります。

自分が生まれたことを祝福できるのか、『生まれてしまって、ごめんなさい』と思っているのかで、人生はまったく違うものになります。

自分はこの世界を祝福するために生まれてきたと感じている人は、喜びの中に生きることができます」

ここでもう一度、自分の人生の意味について考えてみましょう。

そのうえで、病気になったらどうするか、病気にならないためには何ができるか。万が一病気になったとしても慌てないで、充実した毎日を生きるように心がけましょう。

12

時間＝命と考える

12

時間はためることができない

あなたには、じゅうぶん時間があるという感覚がありますか。

50代という年代は、仕事のことや家のこと、その他さまざまな役割に押しつぶされそうになりがちです。プライベートの時間はほとんどない、という人も多いのではないでしょうか。

ここでは、時間という大切なあなたの資産について、考えていきましょう。

あなたの人生が時間でできていることから考えると、「時間は命」です。

お金というものは不平等に与えられていますが、時間はどんな人にも平等に与えられます。朝起きたときに24時間与えられ、夜寝るときには、しっかり活動時間がゼロになります。

時間というものは、ためることができません。

明日は忙しいから、今日の2時間を明日にまわす、そんなことができたら、どんなにいいでしょう。けれども、それができないのが時間です。

今日与えられた時間は、今日のうちに使いきる。そして、じつは、明日が必ず訪れる保証もないのです。

つまるところ時間というのは命だというふうに考えると、わかりやすいと思います。

あなたは、今日という時間＝命をどう使いますか？

ただボーッとして何もしないという使い方もできれば、自分の目標や夢のために使うこともできます。

時間はためることのできない資産です。資産をただ流してしまうのか、何かのかたちにしていくのかは、あなた次第です。

12 自分の残された時間を計算する

あなたの1日には、どれくらいの自由時間があるでしょうか？

「自由な時間なんて1時間もありませんよ」という声が聞こえてきそうですが、本当にそうでしょうか。

これまで、あなたは五十数年の時間を人生に費やしてきています。

そして、人によってはあと数年、あるいは数十年、地球に滞在する権利が与えられているわけです。

あなたは、この限られた時間をどのように過ごしていきますか。

1日のうちの自由時間に、365日と残りの年数をかけると、あなたに残された自由時間が出てきます。

1日に1時間の自由時間があって、たとえば、あと20年生きるとすれば、「1時間×365日×20年」で、7300時間になります。

これを多いと思うか少ないと思うかは、それぞれでしょう。

毎日はなんとなく過ぎていきます。

忙しくしていれば、1日はあっという間です。1週間の休みがあれば、いろいろなことができるのにと思っていても、実際に休みを取ってみれば、それもあっという間に過ぎてしまうでしょう。

1週間どころか、1カ月、1年、10年が、あっという間に過ぎていくのが50代です。

残された時間は限られています。それを自分の幸せのために使うのか、よくわからないまま、ただ単にトイレに流すように使うのかでは、ぜんぜん充実感が違ってくるのではないかと思います。

12

時間をつくり出す

時間はためることができないと言いましたが、ただし、時間をつくり出すことはできます。

たとえば、お金を使って、自分がしなければならないことを誰かに任せるということです。

家事を代行業者に任せれば、家事をしなければならなかった時間が、自由な時間として手に入ります。

あるいは、不必要なことをどんどんやめて、自分の時間を取り戻すこともできるでしょう。

いつメールしても必ず、すぐに返信がある人がいますが、いつ寝ているのかと心配になります。ワーカーホリック（仕事中毒）といわれるような人たちは、時間をつくり出すというと、自分の睡眠時間を削って、それをしようとします。

20代や30代の頃には、それができたかもしれません。また人生の一時期、寝る間も惜しんで仕事をするというようなことがあっても、それだけの仕事に出合えたと考えれば、それもいいでしょう。

けれども、50代でそれをするには無理があります。

時間は命だという話を前にしましたが、そのような使い方は、命を削っているといっても過言ではないでしょう。

1日24時間の中で、自分が100パーセント、コントロールできる時間はどれだけあるでしょうか。それを考えて、時間をつくり出すということを意識してみましょう。

12 時間の使い方を大きく変えてみる

自分を変えたいと思っている人は少なくないようです。

「もっと○○だったらいいのに」と思うのは、人間の習性のようなものかもしれません。

けれども、そう思っても自分はなかなか変えられないものです。それだから、人はよけいに変わりたいと思うのでしょう。

じつは、自分を変えたり、いまの人生を変える簡単な方法があります。

それは、時間の使い方を変えることです。

ほとんどの人たちは、毎日、ほぼ決まった時間の使い方をしています。

専業主婦の人は、買い物や家事に一日の大半を取られているでしょうし、会社に勤めている人は、仕事や会議に多くの時間を取られているのではないかと思います。

もしも考え方さえ自由になれば、これまでの時間の使い方を、まったく違ったものに変えることができます。

いまの経済的安定を手放すことができれば、仕事をやめて、24時間、自分の自由な時間を手に入れることもできます。

主婦の人は、家事をやめたら、生活はガラリと変わるでしょう。

私は、いきなり転職や離婚をすすめているのではありません。

それくらい極端な視点から、自分のライフスタイルを見なおすことで、見えてくるものがあります。

時間は命です。それを自分はどのように使いたいのかということを冷静に考えてみましょう。

13

自分は何をのこせるか考える

13

自分が生きた証

あなたは自分が何のために生まれてきたか、考えたことがありますか。

たぶんこれまでに、特に若い頃には、自分の生まれてきた意味や、人生の目的について、考えたことがあったのではないでしょうか。

それが50代にもなると、忙しすぎてそれどころではないと答える人も多いのではないかと思います。

けれども、幸せな人は、自分が何のために生まれてきたのか、自分なりの答えをもっている人が多いように思います。自分が生まれた意味を理解して、それに沿って生きることで心からの喜びを手に入れているのです。

偉人伝に載《の》るような人物にならなくても、自分がこの地球に生まれて何かをのこせたと思えるなら、それはあなたに、どれほど大きな充実感を与えてくれるかわかりません。

この地球に生まれて、あなたはこの地球を少しでもよくして死んでいくのか、あるいは地球の環境を汚すだけで死んでいくのかということです。

あなたは自分が生きた証として、何をのこしますか？

アメリカやヨーロッパでは、公園にベンチを寄付する人がいます。そのベンチにはその人の名前と、どんな生き方をした人なのか――たとえば、「ニューヨーク生まれで教師を30年やっていた」「ガーデニングを愛していた」というエピソードが短く書かれているのです。

自分が死んだあとも、そのベンチでは、ときには恋人たちが愛を語り、ときには小さな子どもが母親とひと休みし、老人が静かなときを過ごす……というのは、なんともロマンチックではありませんか。金額にすれば10万円もしないものですが、こんな生きた証ののこし方もあるんですね。

13

もって生まれた才能を開花させるには？

あなたが生きたというのいちばんの証は、あなたの才能をかたちにして、この世界にのこすことだと思います。

たとえば絵の才能がある人は、絵をのこすでしょう。

書をのこす人もいれば、壺《つぼ》をのこす人もいるでしょう。

大きな建築物をのこす人もいれば、1本の電柱をのこす人もいるでしょう。

上手に料理を作れる人は、その料理のレシピをのこせます。

上手に歌を歌えるのであれば歌を、曲が作れるのであれば曲を。

本や、たとえ本にならなくても、詩や言葉をのこすこともあるでしょう。

「この世界にのこせるような才能なんてもち合わせていない」と思う人がいるかもしれませんが、そんなことはないと私は思います。

それは、全世界の人の心を揺さぶるようなものではないかもしれません。永久不滅にのこるものではないかもしれません。

それでも自分はこのために生まれて、そして生きたと思えるようなことができたとき、それが才能であり、あなたがこの世界にのこしていくものです。

自分が何をのこすのか、一度考えてみてください。そんなのおこがましいと感じたり、いや、やっぱり何かのこしたいと思うかもしれません。まったく何も思いつかないけど、何かをのこしたいという人もいるでしょう。

私の知り合いは、木を植えたいといって、週末、山に入って、植林を始めました。小さな苗木を何十本か植えることで、なんとも言えない心の平安を感じるそうです。

記念碑に残るような大事業をしなくても、それぐらいだったら、自分もできるかなと思いました。

13 祝福された人生とは？

英語で「ブレスドライフ（blessed life）」――「祝福された豊かな人生」という言葉があります。それは、非常に充実した、「我が人生に悔いなし」とでもいえるような状態です。

あなたにとって祝福された人生とは、どういう人生でしょうか。

望みどおりに生きられることが「祝福された人生」かというと、必ずしもそうではないように思えます。いろんな失敗はあったけれど、それでも、与えられた環境の中でベストを尽くして、縁ある人に喜ばれる人生――これが祝福された人生ではないでしょうか。

私たちは、ふだん何気ない日常の幸せを見落としてしまいがちです。何の心配もなく食べていけていること、眠れること、健康であること、家族がいること、仲間がいること、仕事があること、国があること……そうしたことを当たり前に思っています。

でも、あらためて考えてみると、それらはすべて、自分に与えられた祝福です。

その祝福された環境の中で、自分には何ができるのか。

その答えが、あなたの人生の意味になります。

自分の人生に意味があったと思えるもの。それは家族かもしれないし、友人かもしれない。偶然、たまたま出会った誰かである可能性もあります。

その人たちとどういう縁をもち、何をするのか。また、どういう思い出をつくるのか。それが、あなたの人生の記憶としてのこります。

あなたにとっての「祝福された人生」というものを考えてみましょう。

14

羽目をはずしてみる

14 年相応なことをしない

50代にもなってくると、自分ではまだまだ若いつもりでも、「もう歳なのだから」と冗談まじりにまわりから言われることもあるでしょう。

たとえば急にスキーをしようとしたり、スキューバダイビングをしようとしたりすると、たいてい家族からのストップがかかります。

もしかしたら、誰も止めていないのに、自分でストップをかけている人もいるかもしれません。

「自分の年齢で、そんなことをするのはおかしい」と自分に制限をかけてしまうのです。前に趣味をもったほうがいいという話をしましたが、面白そうだと思ったことはやってみたほうがいいと、私は思います。

年相応なことをやりだすと、そのぶん老け込みます。

あなたのまわりにも、同年代なのに、もう老人のような雰囲気になっている人がいませんか？

老け込まないためには、「年相応なことはしない」と心に決めることです。

たとえば、洋服の趣味、言葉づかい、行動には、「年相応」というものがあります。だから、遠くから見たり、電話で話すだけで、おおよその相手の年齢がわかったりします（それが当たっているとは限りませんが）。

そういった「年相応なこと」の一切を拒否するぐらいの態度で、やりたいことは積極的にやっていきましょう。

まわりから、反対されたり、ちょっとからかわれたりすることに挑戦しつづけるぐらいで、ちょうどいいのではないでしょうか。

子どもに、「恥ずかしいからやめて」と言われたら、ガッツポーズを決めてください。50代のパワーを見せてやりましょう。

14

実年齢マイナス20歳で生きる

年相応の一切を拒否するといっても、具体的にどうするかというと、たとえばマイナス20歳ぐらいの感覚で生きるのはどうでしょうか。

いまの年齢から20歳を引いた30代の気持ちで考えたり、行動したりしてみるのです。

30代は、まだ20代の気持ちが残っています。その感覚を思い出しましょう。忘れていた、その頃のあなたが見えてくるのではないでしょうか。それによって自分の新しい側面を発見するかもしれません。

当時はできなくても、いまならできるということもあるかもしれません。

30代のあなたは、何を考えて、どう行動していたでしょう？

14

自分を驚かせてみる

ときには大きく羽目をはずしてみましょう。

自分もびっくりしてしまうような大声で歌を歌ったり、スキップしてみたりして、自分を驚かせてみましょう。

老け込んでいく人の特徴は、人生全般に動きや感動がないことです。

若かった頃には、ドキドキしたりワクワクしたりということがあったでしょう。けれども就職して、仕事や家事、育児に追われるうちに、そうした感覚は薄れていきます。それだけ忙しかったということもありますが、自分の感情を表に出さないことに、だんだんと慣れてしまったのです。

そうすれば、つらいとか苦しいということを、それほどに意識しないで生きられます。

その代わりに、うれしいとか楽しいとかということにも鈍感になってきます。そうして、少しずつ、ドキドキしたりワクワクしたりする機能が低下してしまったのです。


20年前の自分と比べて、あなたの心の動きはどうでしょうか？

丸くなったと言われて喜んでいてはいけません。ただ、鈍くなっただけかもしれないからです。自分が鈍感になってきたなという実感がある方は、まず、自分の中に「感情がある」ということを思い出しましょう。

ワクワクする、ドキドキする——心を動かしてみてください。

その一歩が、自分を驚かせてみるということです。

「面白いなぁ」と感じたり、「これはすごい！」と感動できるような場所に行ってみたり、大好きな演劇や映画を観にいきましょう。

14

新しい自分を発見するには？

新しい自分を発見するには、とにかく、いままで会ったことがないような人と会うことです。

それは年上の人、年下の人に限りません。職業もまったく違う人と会うようにすると、ふだんない刺激を受けることは間違いありません。

人にはそれぞれ独特な光のようなものがあって、その光を浴びることで、その人のもっている才能を感じることができます。

たとえば、先日、水泳のオリンピック選手と一緒に話をしましたが、その人は毎朝2キロ泳ぐそうです。

2キロ泳ぐというのはどういう感じなのか聞いてみると、散歩にいくようなもので、それをしないと、なんとなくからだの調子が悪いそうです。その話を聞いているだけで、自分でもやってみたくなりました。

次の日には、投資で成功している人と会ったのですが、その人からは、株式投資がどういうものか、それがいかに楽しいかという話を聞いて、またしても、投資を積極的にやってみようという気分になりました。

自分には絶対にできないと思っていたことでも、勇気を出してやってみると、意外に楽しくできたりします。

特に誰かがワクワクしてやっていることをすると、そのワクワクが伝染しやすいように思います。いろいろな人たちに出会って、彼らがもつ、独特のワクワクした感じを分けてもらいましょう。

新しい自分を発見するためには、自分とはまったく違う人と会ってみましょう。その出会いが、あなたの人生の後半をとても充実したものにしてくれるかもしれません。

15

20代の友人をもつ

15 若い頃にやらなかったことを思い出す

若い頃にやってみたかったけど、やらないまま過ごしてきてしまったということがありませんか。

たとえばディスコにいく（ちなみに、いまはクラブといいます）、海外旅行に行く、バンドを組んでライブハウスに出演するなど、当時したかったけど、親に止められたりしてできなかったことを、いまからでも体験してみると、それまでとはまったく違うものが見えてきます。

若い頃、やりたかったのにやらなかったこと――それを考えていくと、これまで自分を抑圧してきた制限的な自分が出てきます。

それをからだの自由がきく、いまのうちに見なおしておきましょう。

そのためにいちばんいい方法は、20代の友人をもつことです。

そして、その20代の友人たちが遊びにいくところに、連れていってもらいましょう。

「自分なんかが誘っても、つき合ってくれない」

「自分から頼んでも断られるかもしれない」

でも、自分の20代の頃を思い出してください。

よくご馳走《ちそう》してくれたり、ときどき一緒に遊んだ先輩や上司がいたのではありませんか。そして、その人たちとの時間は、友だちのように親しい間柄でなくても、案外、楽しかったのではないでしょうか。

20代には、そんなノリのよさがあります。

ご馳走してあげると言ったら、喜んで一緒に遊んでくれるでしょう。

あなたが、説教くさくなったり、上から目線で話さなければ、きっと、お互い楽しい時間になると思います。

15

20代のノリを生活に取り入れる

20代の人が行くようなお店に間違えて入ってしまって、いたたまれない気持ちになったことはありませんか？

私の知り合いの50代の女性は、たまたま入ったカフェで、そのＢＧＭの大きさにびっくりして、早々に出てきてしまったそうです。

20代と50代では、ノリが違います。20代のノリがどんなものかを、20代の友人たちに聞いてみましょう。

「好きなアーティストは誰？」

「どんな音楽にハマってるの？」

「１日にメールは何回ぐらいするの？」

「週末は何をしているの？」

ただし、質問攻めにしてはいけません。それでは事情聴取になりますから(笑)。直接、質問しなくても、若い人たちのおしゃべりを聞くうちに、なんとなく感覚的にわかってくるものがあります。

よく「若いエキスをもらう」ということがいわれます。20代の友人たちとつき合って、その感覚を共有することで、まさに、あなたは、その若いエキスをもらうことになります。

彼らの聴く音楽や会話に耳を傾けるだけで、20代のノリが戻ってきます。

実際、あなたのまわりを見てください。

ふだんから20代の人たちが大勢そばにいるような人たちは、感覚が若いと思いませんか。雰囲気も、どことなく垢《あか》抜けて若々しい人は、自分より若い人たちとつき合っている人です。彼らは、間違いなく、若い人のエネルギーの恩恵《おんけい》を受けているといえるでしょう。

15

最新のファッションや流行を追いかけてみる

いくらご馳走してあげても、見るからにオジサン、オバサンのファッションでは、若い人たちもそうそうつき合ってくれません。

その意味では、最新のファッションを身につけてみるというのも大事です。最初は、どんなものを着ていいか迷うかもしれません。でも、流行の場所に行くようにするだけでも、あなたのファッションは変わってくるはずです。

久しぶりに会った友人が、なんとなく若々しくなったので理由を聞いてみると、高校生になったお嬢さんが服のコーディネートをしてくれるようになったというのです。

服などは自分の好みがあると思いますが、50代の怖いところは、自分たちの20代の頃に流行ったスタイルを、いまも知らずしらずに選んでしまうことです。一人だけ80年代の化石にならないように、気をつけましょう。

流行の場所、新しい場所には、エネルギーがあります。

いま誰もがいちばん行きたいというレストランに行ってみたり、オープンしたばかりのショッピングセンターなどに行ってみると、ふだんのあなたにはないエネルギーが入ってきます。

自分では年不相応な格好だと思っても、それをしてみると、まったく違った自分が出てきます。

このとき恥ずかしさも出てくるでしょうが、それに負けないことです。

「無理しているなぁ」と感じるのをぐっとこらえてください。そこを越えれば、あとは自由なところに行けます。

15

ドキドキすることを忘れない

50代のいちばんの不幸は、心がワクワクしたりドキドキしたりすることが少なくなることです。

理由の一つには、日常生活でワクワクするような場面に出くわすことが少なくなっていることがあります。

もう一つは、ドキドキ、ワクワクする心が弱っていることもあります。

たった数十年前のあなたは、毎日ドキドキしたり、ワクワクしたり、落ち込んだりしていたはずです。

でも50代になったいまはどうでしょうか。

一日の中で、緊張することも興奮することもない。心が安定しているともいえますが、何も感じなくなっているとしたら……その安定感には、そこはかとない不幸感もただよっているはずです。

20代の人たちとつき合うことで、ドキドキすることを思い出してください。

私たちは生きている限り、心臓がドキドキするようになっています。

胸に手を当ててみてください。

そのドキドキを、もっと心に感じてください。

あなたの人生には、まだまだ楽しめることがいっぱいあります。その楽しみ方を20代の友人たちに教えてもらいましょう。

20代の躍動感を、あなたが取り戻すことができたら、まったく日常が変わらなくても、なんとなく毎日が楽しくなるのではないでしょうか。

16

本音で生きる

16 自分の人生から、建前を追放する

50代でありがちなのは、本音と建前を使い分けようとすることです。

本音はこうなのだけれど、と思いながら、ニコニコ愛想《あいそ》笑いをしてしまうことが多いのではないでしょうか。

幸せになろうと思ったら、自分の人生から建前を追放して、本音だけで生きることです。

もちろん、100パーセント本音で生きるというのは、会社組織にいたりすると難しいかもしれません。しかしできる範囲で、自分の本当にやりたいこと、言いたいことを追求していくことを意識しましょう。

16 感じたことを口に出す訓練をする

本音で生きる、その第一歩として、自分が感じたことを口に出す訓練をしてみましょう。

「あの言い方は、すごく腹が立つなぁ」

「ああいうことを言われて傷ついた」

そんなふうに、ふだんなら何も感じないまま流してしまうことを、独り言でもかまわないので言ってみましょう。

「ああいう言い方はないよね」とか「あんなことをしていたら嫌われてしまうぞ」とか、感じたことを言葉に出してみるのです。

50代のほとんどの人は、ネガティブなことを言ってはいけないという教育を受けたのではないかと思います。

「あの人は嫌い」

「これはまずい」

「嫌な気持ちになった」

「腹が立つ」

「面白くない」

こうしたことは言ってはいけないと教えられてきたのではありませんか。けれども、感情というものは抑圧すると、からだによくありません。特にネガティブなことは、言葉に出さないと、心に溜まっていくものです。

『王様の耳はロバの耳』という童話がありますが、その主人公は口止めされた王様の秘密を井戸の奥に向かって叫びます。

井戸がいいかどうかはわかりませんが、まずはこっそり一人で、本音を口に出す訓練をしてみましょう。

16 悪口を本人の前で言ってみる

自由な人は決して人の悪口を陰で言いません。なぜなら、彼らには表裏がないからです。

ここであなたに挑戦があります。

それは、あなたが、悪口やゴシップをたまに陰で言っているとしたら、それを本人の目の前で言ってみることです。

それができるようになったら、あなたは感情的に非常に自由になれます。

本人の前ではとても言えないと思うでしょうが、だからこそ、挑戦してみてほしいのです。言ってみると、本人は意外と、「ひどいこと言うなぁ」と言いながらも、ニコニコ笑って許してくれたりするものです。

ネガティブなことをストレートに言ってくれる人は好かれます。なぜかというと、本当の自分を見せてくれている、この人は本音で言ってくれていると感じるからです。

奥歯にものが挟まったようなしゃべり方をしたり、ポジティブなことしか言わない人は信用されません。なんとなく、本音で言ってくれていないぞ、何か本心を隠しているに違いないと警戒心をもたれるからです。

ネガティブなことを言ってはいけないという社会常識を信じずに、自分が感じたことを相手に伝えてみましょう。このときに、気をつけないといけないのは、非暴力でいることです。相手を傷つけてやろうという意図をもって本音で話すと、間違いなく人間関係にヒビが入ります。

「あの、感じたことを話してもいい？」と言うと、たいていの場合、素直に聞いてくれます。これができるようになると、あなたの人間関係のストレスは、相当減ると思います。そして、それがきっかけになって、本音ベースで話せるようになるでしょう。

16

嫌なことはやらないと決める

これから後半戦の人生を生きるうえで大切なことは、「嫌なことはやらない」と決めることです。

あなたの人生には、嫌いなことをやる時間はもう残されていません。嫌いなことばかりやっていると、あっという間に終わってしまいます。

私のメンターの一人は、80代後半で再婚しました。10歳以上も年下の奥さんに、出会ってすぐに「結婚しよう」とプロポーズして、世界一周の新婚旅行に誘ったそうです。

その行動力に感心したのと同時に、残された時間がないというのは、70代、80代の人たちだけではないなと思いました。

私たちの人生は、限られています。誰にでも、いつかは終わりがくるのです。

だとしたら、好きな人と好きなことをして過ごしたいと思いませんか。

少なくとも、嫌だと思うことに時間を費やすことほど、つまらないことはありません。

日本では、自分のことは後まわしにして、まわりのことを考えられる人がいい人で、自分の好きなことを優先するのは身勝手だとかワガママだというふうに思われがちです。

好きなことをやらずに生きていくのがいいという美学があるのです。

一方で、アメリカの大学で行われている「幸せの研究」によれば、人は自分の大好きなことをやっていないと幸せになれないのです。

残された時間は限られています。その限られた時間を、自分が楽しいことに思い切って使ってみることは、とても大事だと思います。

17

とことん楽しむ

17

人生は、思い出でできている

これまでの五十数年生きてきた中で、あなたにとって、本当に価値のあること、楽しかったことは、何だったでしょうか。

どれだけお金を貯めたか、どれだけのものを所有したか、どれだけ社会的にいろんなことを成し遂げたかということよりも、日常の、家族や友人たちとの思い出のほうが、ずっと心に残っているのではないでしょうか。

人生はつまるところ思い出でできています。

大好きだった人とデートしたこと。

結婚して子どもをもったこと。

何かを達成できたこと。

大失敗したこと。

そういった思い出の一つひとつが、あなたの人生の、いちばん大切な資産になっているはずです。そのことを知っておきましょう。


これから老境に向かう中で、あなたがすべきことは何でしょうか。

お金を貯めることでしょうか。

大きな家を建てることでしょうか。

功成《こうな》り名遂《なと》げることでしょうか。

もちろん、それはそれとして悪いことではありません。

「人生でいちばん大事なものは思い出なのだ」ということがわかれば、時間やお金の使い方の優先順位が変わるでしょう。

たとえば家族で旅行に行くというときに、できるだけ節約しようという気持ちが出たとしても、いい思い出をつくることを念頭に置けば、旅のプランも変わってくるのではないかと思います。

17 楽しいことと悲しいこと

多くの人が自分の人生に望むのは、楽しいことやうれしいことばかりで、悲しいことやつらいことはできるだけ避けたいというのが本音でしょう。けれども、ずっと楽しいだけの人生を生きられる人はいません。また、人と人を強く結びつけるのは、悲しいことだったりします。

だから楽しいことだけを追いかけるのではなく、人生で起きる悲しいことやつらいこと、苦しいことも受け入れてみましょう。

家族がいちばんつながれるのは、悲しいことやつらいこと、苦しいことがあったときです。そうした状況を一緒に乗り越えようとすることで、家族は一つになります。

友人との関係も、苦しいときやつらいときに、互いに手を差し伸べ合うことで、絆《きずな》が深まります。

人生で悲しいことやつらいことはできるだけ起きてほしくないと望むのは、当たり前のことです。家族や友人たちに、そんなことが起こらないようにというのは、誰もが願うことでしょう。

けれども、ネガティブなことがときどきあるからこそ、私たちの絆は深まり、一人ひとりが強くなれるということもあるのです。

言ってみれば、毎日晴天ではちょっとつまらない。ときどき雨や嵐があったほうが、バラエティがあっていいのではないでしょうか。

楽しいことだけを受け入れるのではなく、悲しいことやネガティブなことにもハートをオープンにしてみましょう。

17 ワクワクすることは？

さあ、この章の最後に、あえて聞きたいと思います。

あなたにとって、ワクワクすること、本当に大切なことは何でしょうか。

いまさらワクワクすることといわれても、ピンとこないかもしれません。

人生でいちばん大切なことは、心がドキドキすること、ワクワクすることを日常的にやることです。

以前パーティーで、「もう就職が決まったので、自分の楽しいことは老後にとっておくことにしました」という23歳の若者に会ったことがあります。

あなたも、この23歳の若者と同じように思っているかもしれませんが、人生を楽しむのに、定年まで待つ必要はありません。

いきなり、いまの仕事をやめろというわけではありませんが、あなたの日常にワクワクすることを取り入れるようにしてみてください。

旅行を計画するのもいいし、カルチャースクールに申し込むのでもいいでしょう。畑仕事を始める、野球チームをつくる、自宅にサロンを開く、プラモデルを組み立てる、セーターを編む……できることは、いろいろあります。

たいしたことのない一歩が、すばらしい人生へのスタートになります。

ワクワクしていた頃の自分を取り戻して、人生を本気で楽しむことにエネルギーを注ぎましょう。

あなたの中に眠っている夢、才能を掘り起こしてください。きっと、どこかにそれを待っている人がいます。

あなたが、最期を迎えるとき、「最高の人生だった」と心から言えますように。

おわりに

50代から最高の人生を生きるには?

50代は、人生でもっとも充実した年代です。いままでやってきたことをさらに進化させて、そして多くの人たちに喜ばれながら、家族とつながり、友人を大事にし、最高の思い出をつくる時間でもあります。

それと同時に、からだのどこかが悪くなったり、あるいは家族や両親の健康が不安定になったり、いろんな心配事が多くなるのも50代の特徴ではないかと思います。

この10年を上手に乗りきるには、感情とうまくつき合うことです。

ネガティブなこともポジティブなことも、すべて人生だと思って、それらをしっかりと受け取って前に進むのか、あるいはネガティブなことはできるだけ見ないようにするのかでは、その後の人生はぜんぜん違ってきます。

そういうときに、「どんなときも、とことん楽しむ」というメンタリティでいくと、うまくいくと思います。

悲しいことやつらいことも、それも含めて人生なのだから、ドーンと受けとめていこうというふうに心がけてみてください。


この本を最後まで読んでくださって、ありがとうございました。みなさんと一緒に時間を共有できたことに感謝しています。

50代でしておきたいことは何かというのは、私自身への問いかけでもありました。おかげで人生の後半戦というスタート地点に、新たな気持ちで立つことができそうです。

本書が、いままで以上にすばらしい人生をスタートするきっかけになれば、著者として、それ以上に幸せなことはありません。

２０１２年１月

本田　健

本田 健（ほんだ・けん）
神戸生まれ。経営コンサルティング会社、ベンチャーキャピタル会社など、複数の会社を経営する「お金の専門家」。独自の経営アドバイスで、いままでに多くのベンチャービジネスの成功者を育ててきた。育児セミリタイア中に書いた小冊子「幸せな小金持ちへの8つのステップ」は、世界中130万人を超える人々に読まれている。『ユダヤ人大富豪の教え』をはじめとする著書はすべてベストセラーで、その部数は累計で400万部を突破し、世界中の言語に翻訳されつつある。
本田健公式サイト
http://www.aiueoffice.com/

だいわ文庫

50代《だい》にしておきたい17のこと

著者　本田《ほんだ》 健《けん》

二〇一二年一月一五日第一刷発行
二〇一九年一一月一日第三〇刷発行

発行者　佐藤 靖
発行所　大和《だいわ》書房
東京都文京区関口一―三三―四 〒一一二―〇〇一四
電話 〇三―三二〇三―四五一一

装幀者　鈴木成一デザイン室
本文デザイン　椿屋事務所
編集協力　ウーマンウエーブ
本文印刷　シナノ
カバー印刷　山一印刷
製本　ナショナル製本

ISBN978-4-479-30366-4
乱丁本・落丁本はお取り替えいたします。
http://www.daiwashobo.co.jp

だいわ文庫の好評既刊

本田健
ユダヤ人大富豪の教え
幸せな金持ちになる17の秘訣
「お金の話なのに泣けた！」「この本を読んだ日から人生が変わった！」……。アメリカ人の老富豪と日本人青年の出会いと成長の物語。
648円
8-1 G

本田健
ユダヤ人大富豪の教えII
さらに幸せな金持ちになる12のレッスン
「お金の奴隷になるのではなく、お金に導いてもらいなさい」。新たな出会いから始まる、愛と感動の物語。お金と幸せの知恵を学ぶ！
648円
8-2 G

＊本田健
20代にしておきたい17のこと
『ユダヤ人大富豪の教え』の著者が教える、20代にしておきたい大切なこと。これからの人生を豊かに、幸せに生きるための指南書。
571円
8-6 G

＊本田健
30代にしておきたい17のこと
30代は人生を変えるラストチャンス！　ベストセラー『ユダヤ人大富豪の教え』の著者が教える、30代にしておきたい17のこととは。
571円
8-8 G

＊本田健
10代にしておきたい17のこと
人生の原点は10代にある！　20代、30代、40代の人にも読んでほしい、人生に必要な17のこと。
571円
8-9 G

＊本田健
40代にしておきたい17のこと
40代は後半の人生の、フレッシュ・スタートを切れる10年です。『20代にしておきたい17のこと』シリーズの4弾目。
571円
8-11 G

＊印は書き下ろし

表示価格はすべて本体価格（税別）です。定価は変更することがあります。